話說三分，
點到為止

讓你秒懂的幸福人生經濟學

永續圖書線上購物網　讀品文化事業有限公司

WWW.foreverbooks.com.tw　yungjiuh@ms45.hinet.net

全方位學習系列 69

話說三分，點到為止：讓你秒懂的幸福人生經濟學

編　　著　侯紀文
出 版 者　讀品文化事業有限公司
執行編輯　林秀如
美術編輯　姚恩涵

總 經 銷　永續圖書有限公司
TEL／(02)86473663
FAX／(02)86473660
劃撥帳號　18669219
地　　址　22103 新北市汐止區大同路三段 194 號 9 樓之 1
TEL／(02)86473663
FAX／(02)86473660
出 版 日　2016年11月

法律顧問　方圓法律事務所　涂成樞律師
CVS代理　美璟文化有限公司
TEL／(02)27239968
FAX／(02)27239668

國家圖書館出版品預行編目資料

話說三分,點到爲止 ： 讓你秒懂的幸福人生經濟學 /
侯紀文編著. -- 初版. -- 新北市 : 讀品文化,
民105.11　面 ;　公分. -- (全方位學習系列 ; 69)
ISBN 978-986-453-040-3(平裝)
1.經濟學
550　105017835

Chapter 1 生活中的經濟學

Chapter 2 社交中的經濟學

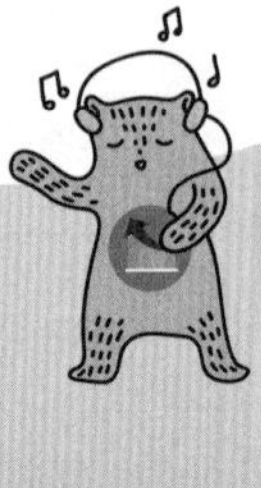

Chapter 5 理財中的經濟學

前言

經濟學就在你身邊

經濟學研究涉足的範圍早已超過了經濟問題本身，並且進入了其他學科的領域。經濟學的基本概念早已被應用到生活工作的各方面，為人們提出現實的意見。

在生活中，邊際效應理論告訴我們為什麼幸福總在遞減；成本機會理論告訴我們不上大學可能有更大的成就；槓桿原理教給你如何以小搏大獲得成功；沉沒成本理論告誡我們要拿得起就要放得下；成本效益分析指導我們做人做事的學問；蝴蝶效應警告我們別讓小事掀起波瀾。

前言

在工作中，經濟學要求進行成本控制提高利潤；要放棄已經沉沒的付出；告別路徑依賴選對池塘釣大魚；進行時間管理才能讓工作的價值最大化；要努力為自己增添價值，專才比全才收益更多。

在戀愛中，經濟學告訴我們不失望的訣竅就是不要抱太高的預期；戀愛要全力以赴的投入；用心營造浪漫才能讓戀愛效用最大化；戀愛的公式永遠都不是等號；別讓戀愛的價值從結婚之時開始貶值。

……

經濟學無處不在，其應用已經深入到生活的每一個細節，基本上所有活動都可以從經濟學的角度進行分析。在這樣的情況下，如果你不懂經濟學，豈不是很大損失？

經濟學不難學，也就是大處著眼與小處著眼兩個範疇。

讀了本書，你就能清楚的瞭解經濟學的概要，並且掌握用經濟學的眼光分析現實問題的方法。當你頭頭是道的從經濟學的角度分析生活中遇到的問題時，魅力一定大增！

經濟學是一門人人應該懂、人人都能懂、人人都會用的學問！經濟學不但偉大，而且有趣，讀過本書，你就能體會到這一點。

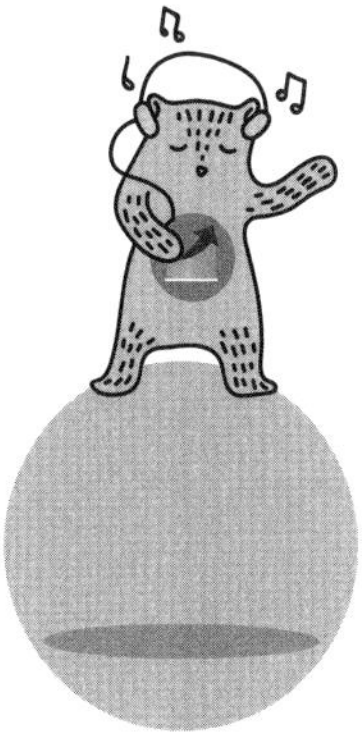

生活中的經濟學

邊際效用、槓桿原理、沉沒成本、成本效益分析、蝴蝶效應……千萬別以為這只是在書本裡才有的專有名詞，也別以為只有黑板和學究們才用得到它們。

如果我們不注意保護幸福，它就會在指尖中溜走；如果我們不學會放棄，就無法達到新的成功；如果我們不衡量做事的機會成本，就無法得到更大的成功……

這些經濟學中常說的概念，其實在生活中也有廣泛的應用。

不信嗎？那麼就來看看這些在你身邊的經濟學吧！

1. 邊際效用：為什麼幸福總是遞減？

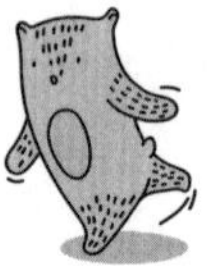

在經濟學中，效用是指商品滿足人欲望的能力，或者說是指消費者在消費商品時所感受到的滿足程度。

一種商品對消費者是否具有效用，取決於消費者是否具有消費這種商品的欲望，以及這種商品是否具有滿足消費者欲望的能力。效用這個概念是和人的欲望聯繫在一起的，效用是消費者對商品是否滿足自己欲望能力的一種主觀心理評價。

邊際效用是指消費者在一定時間內，增加一單位商品的消費所得到效用量的增量。關於邊際效用，經濟學中有一個著名的邊際效用遞減規律：在一定時間內，在其他商品的消費數量保持不變的條件下，隨著消費者對某種商品消費量的增加，消費者獲得的邊際效用是遞減的。

怎麼理解這個規律呢？我們不妨來看一個故事：

傳說同治皇帝小時候曾經到宮外遊玩。有一天，他看見有個小孩子拿著一種黃黃的餅往嘴裡送。當時正好是傍晚，小皇帝餓到不行了，便跟那個小孩要了餅吃。小孩子就分給了他一半，同治一拿到餅便狼吞虎嚥地吃了，頓時覺得這真是世界上最美味的東西了，還比宮裡的山珍海味好吃得多。

事隔多年，等到同治登基之後，宮裡的東西吃膩了，不知怎的忽然想起那一年在宮外吃過的美味來，便叫御膳房做這麼一種「一面烙、一面蒸、黃黃的、酥脆可口」的東西來，御膳房絞盡腦汁，弄了一些精美的點心過來，可是皇帝都覺得味同嚼蠟。他很奇怪的問起從小就伺候自己的公公，怎麼差不多的東西，現在就變味了呢？

公公笑著說，其實當年皇上吃的並不是什麼世上稀有的東西，不過是普通百姓家日常吃的玉米麵餅。只是當時皇上正餓著，所以吃起來格外香甜。這就是「餓了糠如蜜，飽了蜜不甜」啊！

從經濟學的角度來說，因為他當時正在餓著，需要有食物來充饑，所以玉米麵餅就有了很大的效用；但是對於飽了的人來說，再多吃一口都是負擔，根本就不會有滿足感了，更何談效用呢？

其實生活中也是如此，你正需要一種東西的時候，它正好送上門來，你會歡天喜地。可是如果你根本就不需要某種東西，就算送上門來，你也會覺得是負擔了。比如這樣一個故事：

有一個人餓得饑腸轆轆，好不容易遇見一個賣饅頭的，他很開心，便跑過去買來吃。吃第一個饅頭的時候，他狼吞虎嚥，覺得真是好吃啊，可是還不飽，於是開始吃第二個、第三個……直到吃到第六個饅頭，他忽然吃不下了，拍拍肚子說：「真奇怪，吃了五個饅頭都不飽，還是第六個饅頭有用。

早知道這樣，一開始就吃第六個饅頭好了！」

這固然是一個笑話，不過這裡面也有很深的哲理。第一個饅頭對於饑腸轆轆的人來說，無異於救星，所以第一個饅頭給他帶來的滿足感及效用是最大的；等到吃第二個饅頭，他已經不像剛開始那麼餓了，所以效用降低了一點。直到第三個、第四個、第五個，效用更是逐漸降低的。等到吃第六個饅頭的時候，如果他已經吃不下了，你還逼著他吃下去，那麼無疑他會恨死這第六個饅頭。那這第六個饅頭的效用就微乎其微，甚至還不如不吃呢。故事中的主角沒有意識到這個道理，所以說了句蠢話。

生活中也是如此，有些東西的效用也在這樣無可奈何的遞減著，比如幸福。兩人相識，從最初的相互欣賞，到長久的耳鬢廝磨，當初那種激情早已蕩然無存了。有一個故事這樣說道：

丈夫懷疑妻子有了外遇，但是妻子說她和那個人只是簡單的朋友關係。丈夫很生氣，便說，「我看到了妳拍他肩膀時，他身體抽搐了一下，當初第一次我們牽手時，我也是這樣的」。妻子很驚訝，於是同意以後注意一下兩個人的關係。可是過了一會兒，妻子忽然問丈夫，「現在，我牽你的手時，你心裡還會悸動嗎？」丈夫則很隨意的回答，「拜託，我們結婚都十年了！」

事情就是這樣的，從最開始的兩情相悅，情人眼裡出西施，到後來的慢慢習以為常，不再激動、不再浪漫，幸福的效用就在生活中慢慢地遞減著，這也是為什麼人們總說日子越過越平淡，相愛容易相處難。

幸福遞減率告訴我們，當我們處於較差的狀態中時，一點微不足道的事情可能會帶給我們極大的喜悅，而當我們所處的環境漸漸變好時，我們的需求、觀念、欲望等等都會發生變化，同樣的事物再也不能滿足我們的需求，我們在其中再也找不到當初的幸福感了。

一個男孩子虔誠地用草編成戒指，把它戴在心儀的女孩手指上，兩個人感覺這一刻就是人間的天堂。多年後，當他們步入中年，有錢有地位之後，丈夫再給妻子買多少個鑽戒都沒有當初那份相依相知的柔情。

一個七十多歲的老奶奶，幾年前隨兒女去了美國，但她卻總是懷念小時候。

那個年代什麼都缺，她一大清早就去菜市場排隊，排兩、三個鐘頭，才能買一條魚，回到家再將牠分成三段，中間清蒸、魚頭做砂鍋、魚尾再紅燒，吃上幾口魚總能讓全家高興了幾個星期。但到了美國之後，生活雖然一天比一天好，可是她吃什麼都已經沒有了原來的味道。

那些曾經帶來喜悅和滿足的東西，它們本身的價值和作用並沒有改變，只是因為時過境遷，我們的品味和需求都發生了變化，或者簡單地說，我們早已習慣了這樣的感受，於是不再把這種狀態當作幸福了。

不過，任何事情都有相反的一面，邊際效用遞減率也有意外。例如集郵愛好者收藏一套郵票，那麼這套郵票中最後收集到的那張郵票的邊際效應是最大的。這就是邊際效用遞減率的反例，生活中我們也可以依樣畫葫蘆，讓幸福不再遞減。

一位妻子覺得自己的丈夫一點也不浪漫，既不會說甜言蜜語也不會寵自己，於是想跟他分開一段時間。

男人問她：「怎麼做才能改變妳的決定？」這位妻子說：「只要你回答我一個問題，令我滿意就行了。假如我非常喜歡懸崖上的一朵花，而你去摘的結果是百分百的死亡，你會不會摘給我？」丈夫沉思了良久，說：「老婆，我不會去摘，但請先聽聽我不去摘的理由。妳只會用電腦打字，卻總是把程式弄得一塌糊塗，然後對著鍵盤哭，我要留著手指幫妳整理程式；妳出門總是忘記帶鑰匙，我要留著雙腳跑回來替妳開門；妳在自己的公司附近都常常迷路，我要留著眼睛為妳帶路；妳不愛出門，我擔心妳得了自閉症，因此我要留著嘴巴陪妳說話；妳總盯著電腦，健康已經磨損了一部分，我要和妳一起慢慢變老，幫妳修剪指甲，幫妳拔掉讓你懊惱的白頭髮，我要拉著妳的手，一起在海邊享受陽光和沙灘」最後一個理由，男人大聲說：「我堅信沒有一朵花，能像妳的面容那樣美麗，所以，我不捨得為摘一朵花而死掉，在我不能確定有人比我更愛妳之前……」

學學這個聰明的丈夫吧，其實很多時候，只要我們刻意的避免無知無覺，就能夠讓最開始的興奮與浪漫一直延續下去，讓生活永遠充滿激情。讓幸福不再遞減，請你動動腦筋，多多的愛你的另一半，愛你的家人！

幸福隨著追求而來，隨著創造而來，隨著希望而來，隨著需要而來。當最終獲得幸福的時候，要享受生活的每一個細節，別讓幸福在你麻木的神經之間溜走。

2. 以小搏大：槓桿原理助你成功

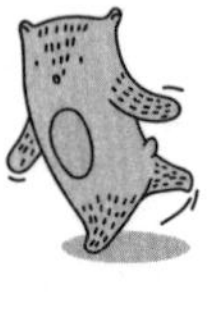

「給我一個支點，我就能夠撬起地球。」這是著名的科學家阿基米德說的話。他的依據，便是赫赫有名的槓桿原理。

在物理學中，利用一根槓桿和一個支點，就能用很小的力量抬起很重的物體，而什麼是財務槓桿呢？在經濟領域中，槓桿比率有一個專門的定義：財務槓桿是指在籌資中適當舉債，調整資本結構給企業帶來額外收益。如果負債經營使得企業每股利潤上升，便稱為正財務槓桿；如果使得企業每股利潤下降，通常稱為負財務槓桿。顯而易見，在這種定義中，財務槓桿強調的是透過負債經營而引起的結果。

其實，槓桿比率說穿了，就是企業負債與資產的比率。如果企業的資產多、負債少，那麼槓桿比率就低；如果資產少而負債多，槓桿比率就高。企業在自己擁有的資產的基礎上，透過良好的信譽獲得別人的借貸資金，就能夠擴大規模，實現更高的增長。

在生活中，槓桿比率最通俗的理解就是，借雞生蛋，以自己的力量為基礎，再借助別人的力量以實現成功。舉個例子來說，企業界白手起家的人，無不都是在自己的好點子的基礎上，借助別人的財力、物力支持才實現成功的。

多年前，格雷化妝品公司獨霸黑人化妝品市場的天下。後來，一位名叫亞當斯的業務員看準了這行的生意前景光明，便毅然辭職，獨立門戶創建了當時只有五百元資金、三名職員的亞當斯黑人化妝品製造公司。亞當斯很清楚，他的事業要想有所發展，就必須把格雷公司打垮，將市場奪過來。不過，他當時唯一能做的就是先生產一種粉質化妝膏。

不久，亞當斯的粉質化妝膏產品上市了。但是對名不見經傳的新公司而言，想要大量銷出新產品幾乎是不可能的。亞當斯經過反覆思考後決定推出這樣一則促銷廣告：「當妳用過格雷公司的產品後，再擦上亞當斯粉質化妝膏，將會有意想不到的良好效果。」對此，亞當斯的助手都持反對意見，他們認為這無形之中是在替競爭對手做廣告。然而，亞當斯卻胸有成竹地指出：「這就是我的奇妙經營術，正因為他們的名氣大，我才這樣做。我並不是幫對手做免費廣告，而是借此抬高我們自己的身價。這就像如果你和卡特總統一起留過影，人們便要對你刮目相看一樣，我這招叫做借雞生蛋奪市場。」

亞當斯的這個妙招果然收到了效果。廣告刊出後，顧客們很快地接受了亞當斯公司的產品。於是，亞當斯一鼓作氣又推出了黑人化妝品系列，擴大占領市場。幾年後，亞當斯則開始稱霸黑人化妝品市場，並且把眼光投射到其他有黑人的國家，使全世界的黑人都開始接受並使用他的化妝品系列。

看到了嗎?成功者不僅會在自己無計可施、力不從心的時候會求助別人，他們更懂得如何利用別人的長處為自己服務，只有這樣才能節省自己的精力去做更值得的事。

「借雞生蛋」、「借錢生錢」同出一轍，它為現代人立志成才、白手起家開拓了一條新路。不怕你沒實力，只怕你沒想法；不怕你沒體力，只怕你沒腦子。一個人的能力終歸有限，不可能面面俱到，所以適當的「借力」正是補己之所短，助自己一臂之力；適當的「借力」更是向優秀的人學習，給自己成長的機會。以自己的微小力量，透過槓桿的作用去移動地球，何樂而不為呢?

一個企業所能涉獵的領域有限，無法多元化規避風險；一個企業所能控制的管道有限，在巨大的市場中可謂是滄海一粟，如果能與其他企業精誠合作，共用管道，就能發揮出「一加一大於二」的效應；一家企業所能掌握的資源也有限，如果能結成戰略夥伴，共用資源，甚至借別人的「雞」來為自己服務，才是最聰明的企業家。如果你只是一個小企業，沒關係，只要你選對了可以借力的「槓桿」，勇敢地站到槓桿的這一端，那麼就將能撬開利潤的大門。

企業是這樣，個人也是如此。對於默默無聞的人來說，想要實現英雄起於毫末的奇蹟，就要先培養自己的能力，使自己具有增值的能力，然後找到適當的人合作，以微薄之力撬動磐石，方為成功之道。

他們可以透過自己的智慧和策略，直接或間接地使用別人的資金，或者利用其他經營因素，如經營技巧、技術等無形資產去換取、替代資金來彌補資金的不足，以達到實現經營願望的目標。說穿了，你就是放在槓桿這端微不足道的秤砣，但是透過槓桿的力量，卻可以以小搏大。

有一個小夥子是韓國一家企業的業務員，長年在首爾工作。他並沒有什麼學歷和資金，但他有善於企劃的能力。一天，他接到從德國寄來的商品目錄，其中有一種新開發上市的羊毛紡織機器。對於新機械他比別人內行，直覺告訴他這是一個良機。他立即詳細調查了韓國的羊毛紡織機器。他瞭解到應用這種新機器生產成本大約可降低三分之二，而且生產效益可成倍增長。

但是，他並沒有向韓國人推銷這種機器，而是帶著這項新產品的目錄和經營紡織工廠的新構想，去找住在韓國的一位日本富翁。這位富翁對紡織業一竅不通，但經由小夥子的企劃說明之後，他也感到這是一項不錯的主意。他立即同意開一家紡織工廠，並從德國進口四部機器，還請小夥子當總經理。於是小夥子從原來默默無聞的業務員，搖身一變成為大工廠的經營者。他的成功之道便是與成功者合作，借助成功者的力量來實現自己的夢想。這也是通往成功的一條捷徑。

有多少白手起家的人，憑藉好的創意、好的發明，借力於別人的支持，實現了自己的夢想，也為他人創造了財富。巧用槓桿是一種智慧也是一種策略，因為每個人的經驗和才能都是有限的，唯有借助他人的能力和智慧，取長補短，為我所用，才能達到雙贏的境界。槓桿是一門藝術，而成功者總是懂得如何爐火純青的運用它，來創造一番事業。只有自己擁有站得住腳的技術或者創意，才有要求別人合作的基礎；也只有別人相信了你的實力、相信你的發展前景，才肯賦予你省力的槓桿，借你這艘快艇實現他自己的夢想。

如今，槓桿化已經不是經濟學界神祕的祕訣了，如果你有足夠的能力，你就可以憑藉已有的資源去尋找可以借力的槓桿，讓知名人物和更大集團的財力、物力助你一臂之力。讓你用小資本撬動更大的未來！去尋找成功的槓桿吧！

3. 沉沒成本：拿得起就要放得下

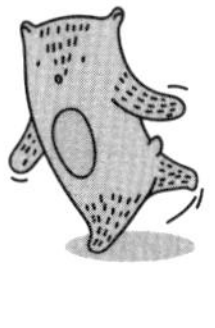

在經濟學中，「沉沒成本」的概念是指已經付出且不可收回的成本。生活中，人們在決定是否去做一件事情的時候，不僅是看這件事對自己有沒有好處，而且也看過去是不是已經在這件事情上有過投入。我們把這些已經發生不可收回的支出，如時間、金錢、精力等也稱為沉沒成本。

舉例來說，如果你預訂了一張電影票，已經付了票款且假設不能退票。此時你付的價錢已經不能收回，就算你不看電影錢也收不回來，電影票的價錢算作你的沉沒成本。這場電影可能有兩個結果：一是你付錢後發覺電影不好看，但忍受著看完；二是你付錢後發覺電影不好看，提前離開去做別的事情。

在兩種情況下你都已經付錢，所以應該不考慮這件事情。如果你後悔買票了，那麼你當前的決定應該是基於你是否想繼續看這部電影，而不是你為這部電影付了多少錢。此時的決定不應該考慮到買票的事，而應該以看免費電影的心態來作判斷。經濟學家們往往建議選擇後者，這樣你只是花了點冤枉錢，但如果選擇前者你就得繼續受冤枉罪。

可是在生活中，往往有些人卻不是這麼理性，他們總是為了已經付出的成本斤斤計較，就像上了一艘錯誤的船一樣，明知是錯的，卻還硬著頭皮走下去不肯悔改。拿得起就要放得下，往往成為一句空談。放下已經沉沒的成本，如果遲遲不走到正確的道路，那遲早也會被已經沉沒的過去拖垮。勇敢的人敢於向過去告別，不管是不忍回首的錯誤也好，還是曾經的輝煌也罷，只有勇敢地放下沉沒的過去，你才能開創新的局面。

昨天的你和今天的你可以判若兩人，士別三日，當刮目相看，不拘泥於歷史和慣性的人定會大有作為。不管幾經失敗也好，不管別人懷疑你也罷，只要認定了自己的方向，就不要為既往的失敗與懷疑而傷悲甚至放棄，只有勇於衝出束縛的人才能大有作為。

我們都得由昨天走到今天，再由今天走向明天。很多時候，我們站在今天，卻總是對昨天念念不忘，並不是說昨天與自己無關，而是很多時候，為了自己能夠生活得更好，就不能總是對昨天念念不忘，不管昨天你是成功的還是失敗的，都已成為過去式，雖然它會對你的今天和明天有所影響，但已不能成為最終的決定因素。所以要嘗試著忘記昨天，別為昨天而哭泣。昨天已成為沉沒的過去，請勇敢走出來，開創新的局面。

走出過去的陰影並不容易，可是走出過去成功的光環更難。誰都不願意放棄已經取得的成就，去未知的世界裡冒風險。可是有些勇敢的人這樣做了，他們獲得了更大的成就。

比爾‧蓋茲是眾所周知奇蹟的締造者，是一個數字英雄，是年輕人心目中的偶像，更是一個懂得選擇方向的人。他一生中所做的最重要的選擇莫過於退學，剛剛二十歲的他就對電腦十分感興趣，他深信，總有一天電腦會像電視一樣走入每一個家庭。他堅定的信念，不但打動了自己，還打動了夥伴，打動了父母，獲得了事業上和精神上最寶貴的支持。哈佛大學是多少人夢寐以求的學府啊！而考上哈佛大學的比爾‧蓋茲卻在大三時，毅然決然地選擇了離開，去闖一番屬於自己的天地。

這不是一般人能夠下的決心和勇氣，也只有下了這樣的決心和勇氣，才可能成為非凡的人物！試想，假如比爾‧蓋茲依然在哈佛深造，學習課本上千篇一律的東西，也許就不會有我們今天所熟悉的 windows 系統，也不會有商界的微軟奇蹟了。

比爾‧蓋茲曾經說過這：「人生是一場大火，我們每個人唯一可做的，就是從這場大火中多搶救一點東西出來。」本著這種人生短暫如火花的信念，他及時地決定所要放棄的東西和所要選擇的東西，不僅改變了自己一生的軌跡，也改變了世界。

世界上有幾個人有這樣睿智的思維呢？人的欲望無窮無盡，在過去所取得成果之上，很少會有人放棄那些曾經擁有的鮮花和掌聲，那些曾經擁有的名譽和地位。

人的一生，面臨的選擇很多，可走的路也很多，略微遲疑、猶豫不決、躊躇不前，都會導致我們遠遠的落後於生命的軌跡，所以我們必須要看清方向。方向對了，就是一個好的開始。

4. 成本效益：做人做事的學問

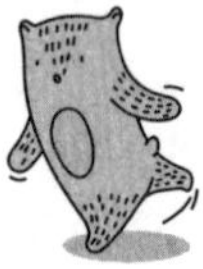

成本是為了達到某一種特定目的而耗用或放棄的資源，效益就是做某一件事或生產某一產品的過程中扣除成本之後的收益。

經濟學中非常流行成本效益分析法，也就是分析某個經濟過程的付出與收穫，並加以對比看是否獲利，並探究進一步提高收益的辦法，如降低成本等途徑。

生活中也處處離不開成本效益分析。我們做人、做事的過程也是一個經濟投入與產出的過程，如果你不費吹灰之力就能搞定一件事情，那麼你就是成本很低、效益很高的能手；如果你費了半天工夫卻一無所獲，那麼無異是做生意虧本，成本效益分析的結果就很差。

我們追求的境界應該是做人做事要低成本、高效益，這樣才能事半功倍、輕鬆地達到想要的人生。可是，這樣的美事誰不想要，有那麼容易嗎？

其實很簡單。以做人為例子來說，如果你經營好了人脈資源，說不定哪天就能用上，這不就是典型的一本萬利的買賣嗎？做人很簡單，發自內心的讚美別人、別人有困難的時候幫一把，說不定日後就有更大的驚喜等著你。

一個人的知識總是有限的，一個人的能力也總有力所不及的時候，一個人也不可能做成全部事情。我們從涉世之初，就應該逐漸培養自己的人脈：朋友、親人、同學、同事等等，所有的人脈，都是不可多得的資源。

有個女孩在上大學的時候十分努力，在學習課內知識的同時，還做了很多份的兼職工作。有一陣子，她在學校主辦的一個在職人員培訓班擔任班主任。參加培訓的人都是財經界各個公司的工作人員，他們都已經工作了多年，經驗十分豐富，在社會上也有一定地位。

女孩剛開始當班主任的時候，有些學員一看她不過是一名在校生，沒什麼了不起，覺得這樣的人能當班主任嗎？

但女孩並沒有為別人的輕視而生氣，她認真按照培訓班的要求履行著自己的日常職責，十分用心積極幫助學員們解決問題，協助他們與任課老師做更好的交流溝通。

培訓班裡有一位十分好相處的大姐，她很喜歡和這個女孩聊天。女孩也覺得這位大姐十分親切，所以也經常主動跟她接觸，還幫她解決了很多其實並不屬於班主任分內責任的問題。雖然不過都是些小事，但是女孩仍為自己能夠幫助別人而開心。

培訓班兩個月就結束了，女孩終於鬆了一口氣，好歹這陣子沒出什麼問題。

快到找工作的時候了，女孩心中十分忐忑不安，不知道自己能找到一份什麼樣的工作。有一天，她收到了一家公司的面試通知。那可是一家知名公司，也是女孩心中一直的夢想，她為了能達到這家公司的要求，平時裡下了不少苦功。

終於到了面試的那一天，女孩緊張地到了公司。當她一走進面試的房間時，不由得愣住了，原來其中一位面試官就是自己在培訓班上認識的那位大姐。

有熟悉的面孔在場，小女孩放鬆了許多，面試的氣氛也很融洽，進行得很順利。後來，女孩收到了公司的通知信，她高興得不得了。原來，那位姐姐是公司人力資源的負責人之一，在培訓班的交往過程中，她目睹了女孩對工作認真負責的態度，並看到了女孩出色完成任務的能力。還有什麼比這些實際證據更能證明一個人是公司想要的員工呢？

就這樣，看似沒關係的行為，讓女孩深深受益。看似平時不經意的交往，往往就替自己帶來無窮的受益。注意在與人交往的過程中展現自己的魅力，發揮自己的特長，博得別人的一致好評，就會贏得意想不到的機遇。注重主動與別人接觸，一點點將自己的人脈向外擴展，更寬廣、更結實，這樣你就能在需要的時候從中借力。你看，不過是日常小事，這個女孩卻因此而累積下人脈，並且日後獲得了大收益。這不就是典型的低成本、高收益的事情嗎？

相反的，如果你不注意做人做事的學問，平時不留心為自己累積資源，那麼久而久之你自然沒有好的人際關係，自然沒有什麼人脈可以借力的。

凱莉大學畢業後進入一家公司工作，她執著地認為只要自己努力工作，展現出超人的工作能力，必然能夠獲得重用，並步步高升。可是一年過去了，凱莉雖然展現了出色的工作能力，但薪水卻無法比那些表現一般的同事高，職位也沒有得到晉升。

凱莉很不服氣，於是工作的更加努力。她認為，只要自己夠優秀，總有一天上司會看到她的能力與才華，進而對她加薪晉職，把她當作公司的骨幹。但是，又一年過去了，凱莉還是在原地停留。相反的，與她同時進公司的同事卻已經是獨當一面的主管了，薪水也比她高出許多。凱莉終於忍不住，向公司裡唯一跟她要好的同事抱怨自己的懷才不遇。

然而，同事卻很直接地告訴她一個令她感到震驚的原因。原來，雖然凱莉工作非常出色，但由於她恃才傲物，認為自己比別人都要優秀，因此沒把同事們放在眼裡，平時也缺少了對同事的尊重，所以與同事的關係並沒有很好。

上司雖然也知道凱莉工作很出色，但擔心如果讓她升任主管的話，同事們會不配合，這樣當然不利於公司工作的發展與完成，所以一直遲遲未能重用她。就這樣，處事細心、做人粗心的凱莉，怎麼也沒想到，自己竟然是因為忽略了人際關係，而一直未受到重視與提升。

關係有時候遠比你所得到的物質報酬重要，甚至比你所做的事情更重要。如果一時貪心，為了一點點利益跟別人爭得面紅耳赤，那麼不僅會破壞你在別人心中的形象，更會在無形中讓你樹立無數敵人。

只要在人際關係中投入一點小成本，就能夠給你帶來高收益，最起碼避免高損失，那麼，這筆划算的買賣你是做還是不做呢？做人如此，做事也是如此。有時候，我們並不需要做出什麼大的貢獻來，同樣能夠獲得想要的結果。

大學畢業後，小剛和幾位同窗好友一起到一家外商公司應徵，實習期間，他們兢兢業業就生怕犯一點錯誤而無法通過試用期。轉眼月底要到了，公司馬上就要決定他們的去留，每個人心底都忐忑不安。

這天臨近下班，業務主管通知他們說：「對你們的考查結束了，明天下班前你們就可以到財務處領取薪資去了！」

幾個人當時就傻了，要我們去財務處領取薪資，不就意味著著要明天一下班就走人嗎？

小剛無奈地想：「走就走吧，也許我們還不是人家公司的最佳人選。」

這樣一想，也就釋懷了。然後他和往常一樣處理著手邊的工作，旁邊的老張有段時間忙不過來，小剛仍跟以前一樣上前幫他一把。而其他幾個人，則冷冷地坐在那裡，主管有時叫他們幫忙，他們不是慢吞吞，不然就是愛答不理的。

第二天上班，情況就更糟了，除了小剛正常上班之外，其他幾個人到公司都遲到了，他們上班之後便開始收拾自己的東西，一副隨時準備離開的樣子。小剛則照舊工作，將這個月自己經手的業務整理成冊，還寫了一份對於自己所做工作的改進建議，希望能讓公司派上用場。

下班時，其他人早就收拾好東西一哄而散了，小剛也開始收拾自己的資料準備離開。這時主管走過來，對他說：「怎麼，現在就收拾東西要走人了？公司並沒有下逐客令啊！恭喜你，小夥子，你是這批人中唯一的入選者。」看著小剛一頭霧水，主管接著說，「其實，你們的能力都差不多，不過我們想要的，不是那些熬日子，在公司混水摸魚的人，而是真心為工作著想、為公司著想的人，那麼這個職位，非你莫屬呀。」

小剛做了什麼了不起的事情嗎？沒有。他做出了什麼大貢獻嗎？沒有。那是什麼讓他脫穎而出，成為勝者呢？很簡單，就是把簡單的事情堅持到底，不過是重複上一天班，這個成本低不低？只是一天的時間而已，卻讓他獲得了心儀的工作，這個收益不可謂不大！

做人低成本，收穫大成功；做事低成本，收穫新機遇。這個世界上處處都有低成本、高效益的事情，就看你是否能夠動動腦筋讓自己事半功倍，輕鬆獲得成功！

5. 蝴蝶效應：別讓小事掀起波瀾

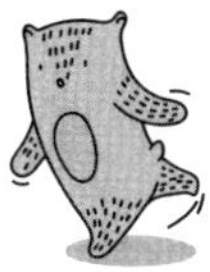

南美洲亞馬遜河流域一隻蝴蝶偶爾拍動幾次翅膀，兩週後美國德克薩斯州就會引起一場龍捲風，這就是氣象學家勞倫茲提出的「蝴蝶效應」。

一九六一年，美國麻省理工學院氣象學家勞倫茲用電腦進行關於天氣預報的計算，旨在提高長期天氣預報的準確性。

為了考察一個很長的序列，他為了省事，沒有讓電腦從頭運算，而是從中途開始。他把上次的輸出值直接打入作為計算的初值，但由於一時不查，他無意間省略了小數點後六位的零頭，可是當他喝了杯咖啡後再看結果，不由的大吃一驚：差距很小的資料，運算結果卻偏離十萬八千里！但再次驗算後，他發現電腦並沒算錯——這，到底是怎麼回事呢？

經過研究後，勞倫茲發現：誤差會以指數形式增長，即使是非常微小的一個誤差，隨著不斷推移也會造成巨大的後果。

於是他得出結論：事物發展的結果，對初始條件具有極為敏感的依賴性——初始條件的極小偏差，將會引起結果的極大差異。

這個發現很多科學家都無法理解，幾家科學雜誌也都拒絕刊登他的文章，認為「違背常理」：相近的初值代入確定的方程式中，結果也應該相近才對，怎麼可能大大遠離呢！

一九七九年十二月，勞倫茲在美國科學促進會的一次講演中提出：一隻蝴蝶在巴西拍動翅膀，有可能會在美國的德克薩斯引起一場龍捲風。

其原因在於：蝴蝶翅膀的運動，使身邊的空氣系統發生變化，引起微弱氣流的產生，而微弱氣流的產生又會使四周空氣或其他系統產生相應變化，由此引起連鎖反應，最終導致其他系統的極大變化。他的演講和結論讓人們留下了深刻的印象。從此以後，「蝴蝶效應」之說就不脛而走了。

這個著名的效應告訴我們，很多看似完全不相關的東西，其實卻有著緊密的聯繫。

現實生活中，如果不懂蝴蝶效應，可能讓你把成功盡失在小事中。因為人們總是覺得，一屋不掃何以掃天下，如果連細節之處都做不好，怎麼能夠擔當大任呢？某著名大學畢業生小張因為一份履歷而使他在應徵時栽了跟斗。

事情是這樣的：在參加應徵當天早上，小張碰翻了水杯，將放在桌上的履歷弄濕了。為儘快趕到會場，他只將履歷簡單地晾了一下，覺得看起來還可以，「反正能看清楚，差不多就行啦」，小張這麼想著，便將履歷和其他東西一起匆匆塞進背包。

在面試現場，小張看中了一家公司的廣告企劃主管職位，就擠上前去與主考官交談。

面試人員問了小張三個問題後，便向他要履歷。小張掏出履歷表時發現上面不光有一大片水漬，還因為在背包裡揉搓，已經不成樣子了。小張努力將它弄平整，遞了過去。看到這份履歷，面試人員皺了皺眉頭。

三天後，小張參加了第二次的面試，無論是現場操作 Photoshop，還是為虛擬產品做口頭介紹，他都完成得很好。當他結束面試時，一位負責小姐還跟他說：「你是今天所有面試者中表現最出色的。」

然而，參加面試後一星期了，小張依然沒得到回覆。他急了，忍不住打電話去詢問。對方沉默了一會，告訴他：「其實面試負責人對你是很滿意的，但你敗在了履歷上。老總說，一個連履歷都保管不好的人，是管理不好一個部門的。」

小張的失敗看似偶然，實則必然。

應徵是決定一個人能否走上自己喜歡的工作職位的一個重要環節，面試負責人在見到本人之前，會透過你的履歷獲取盡可能多的資訊，如果因為自己的一時疏忽沒有準備好履歷，那麼就會讓自己在眾多的應徵者中處於劣勢，即使自己再有能力，也無法挽回因為這個細節的失誤在面試官眼中形成的印象。那份糟糕的履歷從側面反映出他平時的習慣：不注意細節，認為差不多就行了。

不要認為一個小細節別人不會注意，一個小細節往往能反映出一個人的整體素質，一個人的舉手投足都可能讓人留下深刻的印象。

注意細節固然增添不少麻煩，有時候還吃力不討好，但是請注意，機遇往往就蘊藏在這些小事當中！它們只偏愛細心認真的人！

生活和工作中的點點滴滴都有需要我們關注的細節。一個細節所透露出的資訊，能夠使別人相信你，也能夠使別人否定你。聰明人，一定要避免像例子中的小張這樣，因為細節的失敗而使自己錯失良機。

任何事情都是相輔相成的，蝴蝶效應也不例外。

既然不注意小事情、不注意細節的危害如此之大，那麼，注意細節也就會有很大的收穫。歷史上許多的成功，都是因為注意細節而獲得了意外的收穫。

普洛斯特是美國一家小店鋪的售貨員，他和店老闆蓋姆脾氣相投，兩人經常一起喝咖啡、聊天。

盛夏裡的一天，兩人在樓前閒聊，蓋姆夫人在一旁洗衣服。

普洛斯特突然發現，蓋姆夫人手中用的是一塊黑黝黝的粗糙肥皂，與她潔白細嫩的手指成了鮮明的反差，不禁叫道：「這肥皂真令人作嘔！」於是他便和蓋姆議論起如何能做出一種又白又香的肥皂來。在當時，用黑肥皂是一件平常的事，但普洛斯特卻萌發了創業的念頭。

他和蓋姆決定開一家肥皂公司，叫P&G——兩人名字的頭一個字母P和G。經過一年的精心研製，一塊潔白的橢圓形肥皂出現在面前，這讓普洛斯特和蓋姆欣喜若狂。但是，該替這塊美麗的肥皂取個什麼名字呢？普洛斯特日夜琢磨。

星期天，他來到教堂做禮拜，一面想著為新肥皂命名的事。神父朗誦著聖詩：「你來自象牙似的宮殿，你所有的衣物沾滿了沁人心脾的芳香……」普洛斯特心頭一動：「對，就叫『象牙肥皂』！」同時，「象牙肥皂，潔白如玉！」廣告詞也有了。

美好的產品，聖潔的名字。P&G公司為此申請了專利。他們聘請著名化學家分析「象牙肥皂」的化學成分，從中選擇最有說服力和誘惑力的資料，巧妙地穿插在廣告中。果然，P&G一炮而紅。

如果不是普洛斯特注意了蓋姆夫人不經意的小細節，如果不是他仔細思考，那麼寶僑這個名字也許至今仍不為人們所知。上帝會獎賞細心的人們，因為他們具有發現成功機遇的慧眼。

橫掃城鎮的龍捲風，常從蝴蝶搧動翅膀開始；橫過深谷的吊橋，也常從用一根細線拴住小石頭開始。事物彼此之間都有聯繫，成功人生，往往就從小事開始。

注意小事，別讓細節成為你的絆腳石；關注細節，讓這些偶然的機會成為助你成功的良機。

Chapter 2

社交中的經濟學

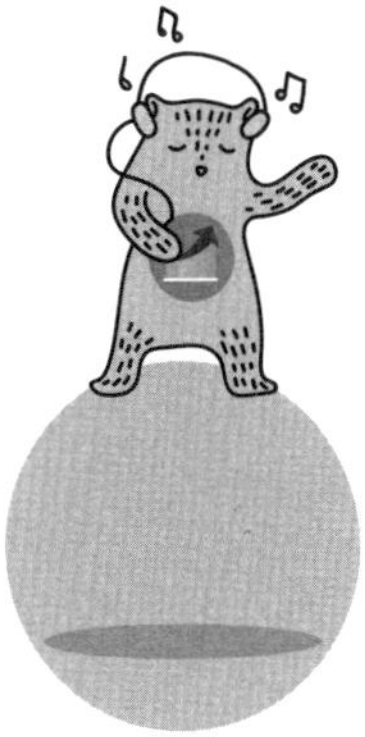

社交是為事業鋪平道路的有效手段，社交中也離不開經濟學。想想看，有多少生意在商宴、酒桌上被輕鬆搞定，省去了百般周折？看看自己，你在社交中是否做好了充分的準備以飽滿、積極的形象出現在別人面前，讓人耳目一新？你是否巧舌如簧，話說得恰到好處，讓聽的人心花怒放？

社交是被動的，人是主動的。打好社交這副牌，需要你有一定天賦，也需要平時留心、不斷練習。

如果你能夠應酬自如，場面上應付得來，那麼事業的成功也就距你不遠了。

學學社交中的經濟學，能讓你更輕鬆自如的迎來送往。

1. 人脈小投資，換來大回報

經濟學中總是做成本與效益分析，可惜的是任何有形的行業，投入的成本巨大，得到的收益卻總不會無止境，換句話說，利潤率總是有限的。可是社會交往中卻不一定如此，如果你在人脈中投資得當，那麼你收穫的將是無窮的利益。看看我們的身邊，這兩種人的對比十分明顯：

有的人認為花費點金錢或者付出一些其他的資源作為與他人發展交流的媒介，不僅物有所值甚至物超所值，因為付出的是有形有價的東西，可是收穫的卻是更寶貴的資源。可惜有的人卻不明白這個道理，將一切都用在自己身上，從不為別人著想，試問一個自私自利的人如何能結交到真正的朋友呢？

有的人認為多花一點時間去結交新的朋友，或者與老朋友敘舊，是增加對彼此的瞭解，以備日後需要用人時可以立刻找出最合適的人選。可是有的人卻認為與其將時間浪費在與別人打交道上，不如自己鑽研點書本，不如自己享受一下生活，他們的失敗往往不是由於事情本身，而是來源於外界和他人，所以這些寧願「獨善其身」的人，都以失敗並且落落寡合的下場而告終。

一個人的知識是有限的，一個人的能力也總有力所不及的時候，一個人也不可能做成全部事情。我們從涉世之初，就應該逐漸培養自己的人脈，朋友、親人、同學、同事等等，所有能夠扯上關係的人，都是不可多得的資源。而要讓這些資源為自己所用，你就要將功夫用在平時，在你要結識的人最需要的時候，及時給其滿足和驚喜。即使他們尚未意識到你的關懷和愛心，當他們一旦知道你一直在為他們做著什麼，他們就會感激你，並加倍的回報你，這時，你的人脈資源就開始發揮它舉足輕重的作用了！

麥凱小時候，他的父親就教育他說：「麥凱，如果你想成功，從現在開始，你要關心自己所見到的每一個人。」從那以後麥凱見到的每一個人，他都很關心，先把名字記下來，然後再瞭解他的其他情況。到了對方的生日，他會送上祝福的卡片，到了對方過結婚紀念日，他就送去一束玫瑰以表心意。後來他為此設計了一個系統，叫做麥凱六六檔案，表示每個人有六十六個空格的問題，包括姓名、性別、年齡、生日、星座、血型、嗜好、學歷等等，甚至包括他的孩子和另一半的相關資訊……

有一次，麥凱去拜訪一個大企業的老闆，希望說服這位老闆來買他的信封。可是，不管麥凱怎麼說，這個老闆都不肯買。麥凱堅持在他的六六檔案上更新了記錄，並且不斷和這個老闆保持聯繫。有一天，他得知這個老闆去了醫院，原來是老闆的兒子出了車禍。他馬上翻開檔案一看，老闆的兒子，十二歲、崇拜籃球明星麥克・喬丹。

麥凱的人緣頗好，他正好認識麥克・喬丹所在的公牛隊教練。麥凱買了一個籃球，寄給公牛隊的教練，並拜託他請喬丹和全體球員簽了名。公牛隊的教練將簽好名的籃球寄給了麥凱，麥凱把籃球送到了醫院裡。小孩一看，籃球上有喬丹的簽名，開心得活蹦亂跳，整夜都睡不著覺。

老闆來看他兒子時，見到兒子高興地抱著球坐在那裡，問到：「兒子，你怎麼不睡覺？」

兒子說：「爸，你看這是什麼！」

老闆一看就問：「這是喬丹的簽名籃球，你怎麼會有呢？」

「是麥凱叔叔送我的！」兒子興奮地答道。

老闆一聽，說到：「麥凱，就是想賣給我信封的那個人吧？我一直都沒有買過他的信封啊。」

這時，兒子說了這麼一句話：「爸，你應該買麥凱叔叔的信封，他這麼關心我，你也應該關心他才對啊！」

第二天，老闆就找來了麥凱，向他道謝，並向他訂購了大量的信封。

麥凱的工作是賣信封，然而誰能想到，他透過賣信封，結交到了美國政界、新聞界、體育界的知名人物，還能讓他們對他產生一種驚訝、佩服的感覺。那是因為麥凱是個有心人，他懂得「攻心為上」的道理，投其所好，給你驚喜，你又怎會拒絕與他結交並幫他一把呢？正是由於他捨得在人脈關係上投資，才讓他的生意越做越好，並獲得了巨額的回報。

一個人要想聚財，就先要聚人；有了人氣，才會有財氣。也正是因為他們主動結交別人、主動與別人溝通，才使得自己的人脈關係不斷拓展；具有廣闊人脈關係的人往往更容易取得成功，那麼進一步又會有更多的人樂於與他們結交，成為新的集合體，人脈資源更廣闊了。成功與人脈就是這樣一個相互促進的共生體。成功者總是注意人脈、創造人脈。創造人脈絕不是為了將這些資源閒置在旁白白浪費的，他們更懂得在什麼時候用什麼人脈、在什麼時機求助於人脈。比爾・蓋茲就是成功的人脈經營大師。

創業之初，他懂得利用自己親人的人脈資源。因為比爾・蓋茲的母親是IBM的董事會董事，所以在比爾還是大學學生時，他簽到了第一份合約，釣到了IBM這條大魚。

在企業發展階段，他充分利用合作夥伴的人脈資源。保羅・艾倫和史蒂芬不僅為微軟貢獻他們的聰明才智，也貢獻了他們的人脈資源。

比爾・蓋茲自己也這樣說：「在我的事業中，我不得不說我最重要的經營決策是必須挑選人才，擁有一個完全信任的人，一個可以委以重任的人，一個為你分擔憂愁的人。」外界的關係和能力，對於比爾・蓋茲的成功有著極為重要的作用。成功人士就是這樣主動拓展自己的人脈，不斷維護自己的資源，並懂得在恰當的時候啟用，為自己助一臂之力。人脈廣，則機會多。只要用心經營你的人脈，必將受益無窮。

人脈這個東西很奇妙，這個規律遵循經濟學的基本常識，那就是有投資也有回報；可是卻超出了經濟能夠解釋的範圍，因為在人脈上不起眼的小投資，可能換來日後的大回報。人脈圈是邁向成功的必經之途。人脈是金，卻貴甚黃金；黃金有價，人脈卻無價。

二十歲靠體力賺錢，那三十歲靠腦力賺錢，四十歲以後則靠交情賺錢，可見人脈資源是事業成功必不可少的保證。從現在開始，擦亮雙眼，為你的人脈進行投資吧！

2. 話只說三分，收益百分百

古人說「知無不言，言無不盡」，這也是許多人奉行的人生準則。可是現實生活中卻往往出現因為「言多」而導致麻煩的例子。從經濟學的角度來看，說話也是要講求經濟效益的，如何讓自己的話不招人反感，又獲得很好的效果呢？這就要學學說話的學問了。

首先就是注意言多必失的古訓，千萬不要因輕信別人而把自己全盤托出，那樣無異於將自己的把柄送給別人，這是很危險的。和人初次見面或才見過幾次面，就算你覺得這個人不錯而你也喜歡他，也不該把你的心一下子就掏出來。對還不瞭解的人，無論說話或做事，都要有所保留，不可一廂情願。不要一下子就把心掏出來，是因為人性複雜，你若一下子就把心掏出來給對方，用心和他交往，那就有可能會受傷。

不能說的就不要說，以避免造成不必要的麻煩。省一句話，就省下多少事。不僅工作中嚴肅的事情不能輕易洩漏，生活中也是如此。誰沒有心事呢?可是千萬別輕易將自己的所想所思告訴別人。處理心事要慎重，因為心事的傾吐會洩露一個人的脆弱面，這脆弱面會讓人改變對你的印象，雖然有的人欣賞你「人性」、「真實」的一面，但有的人卻會因此而下意識地看不起你，最糟糕的是脆弱面被別人掌握住，有可能成為他日後爭鬥時你的致命傷。當然，我們並不是要以惡毒的心思去揣測別人，只是如果能少讓人掌握自己的弱點也是明智之舉。

聰明的人在交談時，會掌握好透露祕密的分寸，也會知道哪些話該說，哪些話不該說。說無關重要的心事給周圍的人聽，可以讓你變得有親和力；

知道把握分寸，守住自己和別人的祕密則會讓你更加受到人們的歡迎。話只說到三分，就給自己留下了餘地。

說話至少是兩個人的事，因此你不可以只顧自己胡亂誇口，把對方晾在一邊；也不能不考慮對方的感受，連觸了對方的霉頭還不自覺。說話要小心謹慎，試探性的一步一步前進，這樣才能確保萬無一失。有時候，有的人即使你說上一大篇利害關係他都不買帳，不會同意你的意見，那麼就要摸準對方的性子，適當激將一下，只要一句話，就能順利達到目的。

有一位富豪決定在芝加哥為公司總部興建一座辦公大樓，為此他出入無數家銀行，但始終沒貸到款。於是，他決定先設法將自己的兩百萬美元湊集起來，聘請一位承包商，要他放手進行建造，好讓他去想方法籌集所需要的其餘五百萬美元。假如錢用完了而他仍然拿不到抵押貸款，他就得停工待料。

建設開始並持續施工，到所剩的錢僅夠再花一個星期的時候，他恰好和大都會人壽保險公司的一個主管在紐約市一起吃晚飯。他拿出經常帶在身邊的一張藍圖，正準備將藍圖攤在餐桌上時，那位主管就對他說：「這裡我們不方便談工作，明天到我的辦公室來吧。」

第二天，當他斷定大都會公司很有希望給自己抵押借款時，便說：「好極了，唯一的問題，是今天我就需要得到貸款的承諾。」

「你是在開玩笑吧，我們從來沒有在一天之內給過這樣貸款的承諾。」那位保險公司主管回答。

他把椅子拉近，說：「你是這個部門的主管。也許你應該試試看你有無足夠的權力，能把這件事在一天之內辦妥。」

保險公司的人微笑說：「你這是逼我上梁山，不過，還是讓我試一試。」試過後，本來說辦不到的事終於辦到了，而這個富豪也在自己的錢花光之前幾個小時回到芝加哥。他利用激將法，逼迫主管嘗試自己的能力，終於在重要關頭獲得了貸款。

激將法是從古至今屢試不爽的方法。性格倔強的人，十分堅持自己的想法，這其實就是一種逆反心理，對所有不符合自己的想法的觀點都聽不進去。對於這種人來說，「請將不如激將」，如果正面勸說沒有效果，就反其道而行之，就能順利地達到自己的目的。只要幾句話，就可以達到目的，這種省力的方法為什麼不好好學一學呢？

就像開水太燙一樣，話說得太滿總有種種弊端。話說三分，點到為止，既給自己留了餘地，也很好地保護了自己，還能讓對方明白你的心意，剩下的事情大家就都心照不宣了。這樣的好事誰不想學呢？從經濟學的角度來看，這真是無本萬利的好事啊！

3. 首因效應好，省時又省力

在經濟上大家都追求一本萬利，在工作中都追求事半功倍，其實這並不是什麼獨門絕技，而是很好掌握的小竅門，只要你留心就一定能學會。我們都知道第一印象很重要，其實這就是一個不費力又高收益的社交好方法。

第一印象效應在經濟中有個專門的名詞，叫做「首因效應」，也就是指兩個素不相識的人，第一次見面時彼此留下的印象。最早的時候，美國心理學家洛欽斯於一九五七年首次採用實驗方法研究首因效應。洛欽斯設計了四篇不同的短文，分別描寫一位名叫傑姆的人：

第一篇文章整篇都把傑姆描述成一個開朗而友好的人。

第二篇文章前半段把傑姆描述得開朗友好，後半段則描述得孤僻而不友好。

第三篇與第二篇相反，前半段說傑姆孤僻不友好，後半段卻說他開朗友好。

第四篇文章全篇將傑姆描述得孤僻而不友好。

洛欽斯請四個組的被試者分別讀這四篇文章，然後在一個量表上評估傑姆的為人到底友好不友好。

結果顯示，篇幅的前後是至關重要的，開朗友好在先，評估為友好者為七十八%，在後，則降至十八%，首因效應極為明顯。

首因效應就是說人們根據最初獲得的資訊所形成的印象不易改變，甚至會左右對後來獲得的新資訊的解釋。首因效應是人之常情，人人都有其切身體驗。首因效應是雙方往後交往的依據。正面的、良好的印象，希望繼續交往，增進關係；負性的、不好的印象，則拒絕繼續交往，使關係了結。你若問他為什麼？當事人似乎很難說得清，只是籠統地感到「喜歡」或「不喜歡」。

實驗證明，第一印象是難以改變的。因此在日常交往過程中，尤其是與別人的初次交往時，一定要注意給別人留下美好的印象。要做到這一點，首先，要注重儀表風度，一般情況下人們都願意同衣著乾淨整齊、落落大方的人接觸和交往；其次，要注意言談舉止，言辭幽默，侃侃而談，不卑不亢，舉止優雅，一定會讓人留下難以忘懷的印象。

首因效應在人們的交往中起著非常微妙的作用，只要能準確地把握它，一定能給自己的事業開創良好的人際關係氛圍。可是，如果不修邊幅，不注意自己的儀態言行的話，就很容易因不好的「首因效應」而給自己帶來損失。

有一次，一位朋友向林肯推薦了一位才識過人的閣員，但是總統在約見他之後，卻不想用這位人才，他告訴朋友說，這個人不修邊幅、邋邋遢遢，他本人很不喜歡這樣的人，因此不會用他。

這樣一位偉大、英明的總統怎麼也會犯以貌取人的錯誤呢？這也許讓人感到奇怪。那位朋友也很氣憤於林肯對於面貌的偏見，於是憤怒地責怪林肯以貌取人，說任何人都無法為自己的天生臉孔負責。這時林肯說：「一個人過了四十歲，就應該為自己的面孔負責。」那位閣員固然可能在某一領域作過大量深入的研究、就某些問題有著精闢的見解，但是如果他連約見總統的事都不放在心上，不能做到以自己最好的一面展示給總統，那麼總統又怎麼能夠在最短的時間內判斷出這個人是可用的、是值得信任的呢？

雖然林肯以貌取人不可取，我們卻不能忽視第一印象的巨大影響作用，因而必須透過提高自身修養來提升自己的形象，為將來的成功奠定基礎，搭好臺階。

壞的首因效應無疑是事業和社交途中的絆腳石，但反過來，好的首因效應則能夠助你一臂之力，讓你不費吹灰之力就得到意外的驚喜。

一家企業正處在銷售的旺季，幾乎人人動員加入到工作中去。這時，一個畢業生貿然來到了人力資源部求職。

「你們需要一個工程師嗎？」

「不需要！」

「那麼設計助理呢？」

「不需要！」

「那麼現場指揮、聯絡員呢？」

「不，沒有空缺。」

「那，你們一定需要這個東西。」說著他從包中拿出一塊精緻的小牌子，上面寫著「無空缺，暫不雇用」。

經理看了看牌子，微笑著點了點頭，說：「如果你願意，可以到市場部工作。」

這個畢業生透過自己製作的牌子表達了自己的機智、樂觀和幽默，讓主管留下了很好的「第一印象」，引起對方極大的興趣，進而為自己贏得了一份滿意的工作。如果他沒有這份幽默感，在被拒絕之後傻乎乎地站在那裡，肯定不用一分鐘就會被人家打發走了，哪還有可能獲得賞識呢？幫助他在一秒鐘內打動主管的，正是一個幽默的舉動和一句玩笑話。

不過有時候，我們都難免大意，遇到出醜、抓狂的事情，如果又在最狼狽的時候被別人遇到，自然會產生不好的第一印象。但是也不要因此而灰心喪氣，只要日後好好做，還是有機會展現自己最優秀的一面，讓人刮目相看的。

一位剛畢業的女大學生來到一家企業工作。上班的第一天，因為路上不巧遇到車禍，所以她遲到了。隨後，這位女大學生又因為不懂操作傳真機，將辦公室的傳真機弄壞了，耽誤了不少工作。女大學生上班的「第一印象」，在她的上司和同事面前，簡直是糟糕透了。

同事和上司覺得她既沒有禮貌，又給別人的工作帶來麻煩。逐漸的，女大學生發現同事都不願意和她打交道，公共的傳真機、影印機等設備都不准她使用。而她的上司則對她冷淡，甚至都不願意委派工作給她。

不過女大學生並沒有放棄，她努力地去扭轉自己的第一印象。不懂的事情和工作，她主動向前輩求教，態度誠懇有禮；主動找朋友將自己弄壞的傳真機修好，還幫其他同事檢查了電腦；對同期進入企業的同事，她也表現出不恥下問的精神，主動向對方求教。

每天早上她都提前來到辦公室，為一天的工作做好準備，對每個進辦公室的人，包括上司都主動打招呼，而且面帶笑容。大家對她的印象開始逐漸地轉變，而她則不敢有任何的放鬆，繼續努力做好自己的工作。終於皇天不負有心人，她逐漸和同事「打成了一片」，也贏得了上司的欣賞和肯定。

人人都有自尊感，希望自己的外貌、學識、地位等方面得到他人的肯定或承認。智者善於利用別人的這份好勝心，滿足他人的自尊感，用禮貌謙和的態度對待別人。一句禮貌的讚美，一個禮貌的謙讓，都可能讓別人感受到你對他的尊敬和重視，進而感受到無比的快樂，也自然提升了對你的印象分數。所以，不要為自己沒有在一分鐘之內展現最好的一面而氣餒，有的是機會讓你表現，只要你足夠優秀。

既然有時候會被第一印象迷惑，那麼我們也要注意避免首因效應讓我們妄下評論，錯失人才和良機。一個人外在的形象雖然在一定程度上表示了他的品味、地位，但是光以外貌取人，難免會犯錯誤。有時候，身分顯赫的人為了保持低調而表現得平易近人，甚至穿戴平平讓你一點都看不出來，如果你一不小心「狗眼看人低」就會得罪人；有時候，一些別有用心的人抓住了人們趨炎附勢的心理，裝出一副衣冠楚楚的樣子，很容易讓人上當受騙。

《三國演義》中道號水鏡先生的司馬德操曾說：「伏龍、鳳雛，兩人得一，可安天下。」「伏龍」即諸葛亮，「鳳雛」即龐統。兩人都是可安天下之才，但兩人的境遇卻截然不同：諸葛亮身居草廬，受劉備三顧而出；龐士元隻身無主，前後兩次向孫權、劉備求薦，均遭到冷落。看來上蒼實在很不公平。究其原因，其實與諸葛亮、龐統二人的形象有關。

孫權、劉備在見龐統之前，都久聞龐統大名，並都非常願意與之相見。孫權說：「孤亦聞其名久矣。今既在此，可即請來相見。」劉備聽說「江南名士龐統特來相投」，也特別的興奮，「便教請入相見」，足見二人當時的急切心情。

但是他們兩人所見到的龐統是個怎樣的形象呢？龐統的相貌是「濃眉掀鼻，黑面短髯，形容古怪」，貌甚醜陋。龐統衣著是「道袍竹冠，皂袍素履」，一副寒酸打扮。見到龐統的這副「尊容」，孫權「心中不喜」，劉備「心中不悅」。看來他們所喜歡的是龐統的「江南名士」之名，而不是「形象古怪」之人。

另外，龐統的行為也很不注意必要的禮節，這也使他的整體形象受到嚴重的影響。他見劉備時「長揖不拜」，這對劉備來說確實有失禮之處。

愛才如劉備、孫權都難免會犯下以貌取人的錯誤，不過好在劉備知錯就改，挽回了才子的心，可是孫權醒悟得慢了一步，就等於將社稷人才拱手讓人了。

俗話說，路遙知馬力，日久見真心。我們既要避免憑先入為主的印象品評別人，也應該盡力給別人留下良好的第一印象，以獲得無窮收益。一個好的第一印象，是日後助你成功的最大資本！

4. 大樹好乘涼，借勢好成功

經濟最偉大的作用在於為我們提供了市場，讓我們彼此能夠互通有無。比如，商品市場滿足了我們的吃穿等生活需求，只要有錢便可以買到自己需要的東西；再比如勞動力市場，讓我們可以付出自己的腦力或者體力，獲得報酬以維持自己的生活；還有金融市場，可以讓有錢人把錢貸款出去生息，而沒錢的人也可以暫時借錢渡過難關或者借雞生蛋。

在社交場合中，其實也有這樣一個市場，有錢就可以投資，有技術就可以做產品，那麼，有名氣就可以做品牌，做一個招風的大樹。如果你想做好生意、做大事業，已經有資本、有技術，那麼就需要借助名人來充門面，借助名人的影響力來成就自己的事業。

在現代社會，借勢這種手段已被政治、經濟、文化以及外交等領域廣泛運用，而且大有日趨擴展之勢。巧借名人不失為一種提高自身形象，擴大自己影響的策略和技巧：如請社會名流為你題個詞，請專家教授為你寫的書作個序，作為提高你的身分和能力的資本等等。

美國總統也能幫你賣書、賣衣服、賣自行車、賣汽水，你相信嗎？這並非笑話，只要你策劃得法，巧借名目，美國總統這個神聖的王冠你照樣可以玩於股掌之上，為你的市場競爭活動增添爆炸新聞。

美國一個出版商有一批滯銷書久久不能脫手，他忽然想出了一個主意，送總統一本書，並三番五次去徵求意見。忙於政務的總統不願與他多糾纏，便回了一句：「這本書不錯。」出版商便借總統之名大做廣告，「現有總統喜愛的書出售」，於是，這些書被一搶而空。

不久，這個出版商又有書賣不出去了，所以又送了一本給總統，總統上過一回當，想奚落他，就說：「這書糟透了。」出版商聞之，腦子一轉，又開始做廣告：「現有總統討厭的書出售」，不少人出於好奇爭相搶購，書又售盡。

第三次，出版商再度將書送給總統，而總統受了前兩次的教訓，便不作任何答覆，出版商仍是大做廣告：「現有令總統難以下結論的書，欲購從速。」居然又被一搶而空，總統哭笑不得，商人卻借總統之名大發其財。

俗話說，大樹底下好乘涼，打好名人這把「傘」，巧用名人效應改變自己的事業軌跡，其實也不是一件難事，關鍵看你會不會把握時機，將不利變為有利。

無獨有偶，生活中，我們喜歡某個牌子的衣服，往往只是因為自己喜歡的歌手是它的形象代言人；我們執著地鍾愛於某些家居品牌，是因為相信它代表著品質與情調。

其實，這些都是名人效應的表象，這種效應是有其心理學基礎的，叫做光環效應。一個人的某種品質，或一個物品的某種特性給人非常好的印象。在這種印象的影響下，人們對這個人的其他品質，或這個物品的其他特性也會給予較好的評價。這種愛屋及烏的強烈知覺的品質或特點，就像光環一樣，向周圍彌漫、擴散，不斷放大、更加耀眼，所以人們稱這個心理效應為「光環效應」。

很多品牌正是借助了名人效應，迅速地提升了產品的知名度，拓寬了市場。中國天津的自行車品牌飛鴿得以揚名海外，也是因為利用了名人效應的結果。

飛鴿雖然在中國自行車市場占據了半壁江山，但卻在開拓海外市場時遇到了不小的阻力。一九八九年，正為開拓海外市場煩惱的自行車廠老闆聽說新當選的美國總統布希即將來訪。眾所周知，布希夫婦是一對自行車迷，酷愛自行車運動。老闆覺得機會來了。

天津自行車廠希望把飛鴿牌自行車作為禮品，送給布希夫婦。這個想法經過層層上報，最終得到了批准。後來，總理將兩輛飛鴿自行車作為禮物送給布希夫婦時，他們顯然十分高興，並當場表示第二天就會騎一騎。後來布希夫婦騎車的場面被全世界上百家新聞單位進行了報導。透過新聞的傳播，飛鴿牌自行車開始名揚全世界。天津自行車廠正是借助於布希夫婦，為飛鴿牌自行車增加了知名度，打開了海外市場。

名人本身不能為企業創造什麼價值，但是其在公眾中的無形影響力卻是企業求之而不得的。所以，要想使產品迅速為大眾所知，打開銷路，最好的辦法就是找名人做廣告。很多名牌比如愛迪達、耐吉等，都請過很多體壇健將和知名紅星擔當其代言人，也正是透過這種名人效應，增加了產品的光環，最終獲得了市場的認可。

生意場上如此，社交生活中其實也有著這樣的規則。當你還是無名小卒的時候，如果能夠憑藉自己的實力得到名人或者實力人物的賞識，就可以平步青雲，迅速提升。而在通常情況下，如果你走一條普通的道路，很可能要花費數倍的時間和精力，甚至還不一定成功，這輩子就被埋沒了。

有一個十八歲的男孩來到鋼鐵大王卡內基的建築工地打工，別看他只不過是個鄉村孩子，做的又是雜工，可是他志向不小，立志要做最優秀的人。白天工作很累，到了晚上同伴們要麼閒聊，要麼喝酒，唯獨他躲在角落裡看書。一天，他又在看書，恰巧晚上來抽查工作的公司經理看到了這一幕，便問他學那些東西幹什麼。

男孩很禮貌地回答到：「我覺得公司並不缺少打工者，而是缺少既有工作經驗、又有專業知識的技術人員，以及優秀的管理者，對嗎？」

在場的人都付之一笑，以為他在說大話。

可是男孩卻回答說：「我不是只為了賺錢，也不是在為老闆工作，而是在為自己的夢想工作，為自己的遠大前途工作。」經理很賞識這個小男孩的志向和膽識，就破例讓他到公司裡發展，不用到工地上做雜活了。

後來，小男孩透過自己的不斷鑽研，一步步升到了總工程師、總經理，後來被卡內基任命為了鋼鐵公司的董事長。最後，他終於自己建立了大型公司，並創下了非凡業績，實現了從一個打工者到創業者的飛躍。

他就是伯利恆鋼鐵公司的董事長齊瓦勃。

如果生命中沒有出現這麼一個貴人，沒有得到卡內基的賞識，齊瓦勃一輩子可能都只是一個泥水匠。因為遇到了名人，也遇到了貴人，齊瓦勃的人生從此與眾不同，究其原因，還不就是在那一分鐘內獲得了名人的認可，並從此借著這番順風直上青雲了嗎？

有時候，需要變通一下，能夠給你遮風擋雨的不一定只是一個人，也可以是一個知名的企業、知名的機構，許多年輕人畢業後都喜歡去跨國企業發展，就是最好的例子。一個大的、知名的機構不僅穩定，還在於它有著很大的影響力，從這裡面出來的人無疑具有更高的平臺。

曾經獲普利茲獎的記者伍德沃德現在早已是知名人物，可是誰想得到他當年差點連進入新聞界的機會都沒有呢？

當他剛開始自己的職業生涯時，就一心想進入《華盛頓郵報》當一名記者。當時，主管編輯部工作的威利實在看不出這個小夥子有什麼過人之處，就要自己的助手先安排他不支薪水實習兩個星期。兩個星期很快就過去了，伍德沃德雖然工作得很賣力，但寫的十七篇採訪稿一篇也沒見報。他被報社辭退了。

無奈的伍德沃德只得在華盛頓附近的蒙特哥莫瑞找了一份工作。但他不甘心自己的命運被這兩個星期的試用扼殺。沒多久，他開始頻頻打電話給威利，希望威利再給他一次機會。一次，正在度假的威利又接到伍德沃德的電話，他不堪忍受伍德沃德的糾纏，禁不住大發脾氣。倒是他的妻子冷靜地說：「你難道不認為這就是一個好記者必須具備的素質嗎？」應該說，威利是明智的，他聽了妻子的話，讓伍德沃德回到了《華盛頓郵報》。

對水門事件的報導使得伍德沃德成為家喻戶曉的記者，可是倘若伍德沃德在最初被《華盛頓郵報》拒絕之後就不再涉足新聞界，倘若他在離開郵報之後不再努力追逐自己的新聞夢，那麼新聞界將永遠不會留下這個傳奇的名字。

事實證明，伍德沃德是一個聰明人，他執著地選擇了《華盛頓郵報》這棵大樹，即使被拒絕也百折不撓，終於如願以償。倘若他當初氣餒了，待在哪個名不見經傳的小地方，那麼也就沒有日後獲得普利茲獎的機會了。

5. 錦上添花，不如雪中送炭

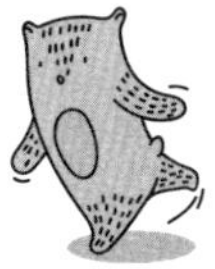

經濟學的核心思想是講供給和需求的，這在現實的市場上表現很明顯，如果一種產品生產多了，又沒有那麼多需要，那麼價格自然就下跌了。在社交場合中，也是講究供給和需求的。有人遇到了麻煩需要幫助，有人有可能正好能助一臂之力，這就是典型的供求關係。不過，社交活動的供求還要複雜一點，因為這裡面涉及了供給和需求的時間問題。

為什麼說時間是個問題呢?首先並不是所有人都願意幫助別人、結交別人的，他們根本就不願意在社交場上供給什麼；其次，有些人是很勢利眼的，他們只願意接近那些正紅得發紫的人，根本不願意理那些失意的人。這就犯了大錯，往往錯失了良機，如果等那些人發達起來，一想到以前你根本不理人家，他還怎麼會反過來幫助你呢？

關鍵時刻，拉人一把。幫助別人就是在幫助自己，給別人一根火柴，自己的心也會亮起明亮的燈，給別人一隻手，就等於是給了要求幫助者一片藍藍的天。如果我們用友好的行動去幫助別人，往往會得到同樣友好的回報。

三國爭霸之前，周瑜並不得意。他曾在軍閥袁術部下為官，被袁術任命為一個小縣的縣令。

這時候地方上發生了饑荒，收成很差，兵慌馬亂之間又損失不少，糧食問題日漸嚴重。百姓沒有糧食吃，就吃樹皮、草根，活活餓死了不少人，軍隊也餓得失去了戰鬥力。周瑜身為父母官，看到這種悲慘的情形急得心慌意亂，不知如何是好。

有人獻計，說附近有個樂善好施的財主魯肅，他家素來富裕，想必囤積了不少糧食，不如去向他借。

周瑜帶了人馬登門拜訪魯肅，剛剛寒暄完，周瑜就直說：「不瞞老兄，小弟此次造訪，是想借點糧食。」魯肅一看周瑜豐神俊朗，顯而易見是個才子，日後必成大器，他根本不在乎周瑜現在只是個小小的居巢長，哈哈大笑說：「此乃區區小事，我答應就是。」

魯肅親自帶周瑜去查看糧倉，這時魯家存有兩倉糧食，各三千石，魯肅痛快地說：「也別提什麼借不借的，我把其中一倉送給你好了。」周瑜及其手下一聽他如此慷慨大方都愣住了，要知道，在饑饉之年，糧食就是生命啊！周瑜被魯肅的言行深深感動了，兩人當下就交了朋友。

後來周瑜發達了，當上了將軍，而他牢記著魯肅的恩德，便將他推薦給孫權，於是魯肅終於得到了機會。

雪中送出一盆炭，日後獲得的收益真是不可限量啊。對身處困境中的人僅僅有同情之心是不夠的，應給以具體的幫助，使其渡過難關，這種雪中送炭，分憂解難的行為最易引起對方的感激之情，進而形成友情。這就是為什麼成功可以招引朋友，挫敗可以考驗朋友。

命運就是愛開玩笑，如果你沒有慧眼，根本就認不出那些是具有發展潛力的人。英雄起於毫末，大凡做出豐功偉績的人，一開始往往並不為人所注意。倘若這個時候你能給他幫助，豈不比日後他功成名就時再趨炎附勢的攀附更聰明一些？雪中送炭時，今天的一簞飯一瓢飲，可以解他人饑餓之急，就能帶來日後想不到的驚喜。

中國漢朝名將韓信在年輕的時候，生活極度貧窮。他經常找不到飯吃，無以充饑，只好在淮陰城下的小河邊釣魚。

當時有很多婦女在河邊洗衣，其中有一個洗衣婦看到韓信面黃肌瘦，好像很久沒有吃飯的樣子，就主動把自己帶來的飯食讓給韓信吃。

這樣的日子過了許久，一餐又一餐，充滿恩情的飯食，就這樣一連吃了十幾天，天天如此。這讓韓信既感動又感激，他覺得恩重如山，於是他對洗衣婦說；「我將來一定要好好報答妳。」不料想那個洗衣婦卻以很平淡的口吻回答說：「男子漢大丈夫應當自食其力，我是見你可憐才給你飯吃，看到別人挨餓我也會這樣做的，因此根本不希望得到你的任何回報。」

事過多年之後，洗衣婦自己也不知施捨了多少飯食，早把這區區小事忘記了，但韓信卻將她的恩德一直牢記在心。等他功成名就回到故鄉，第一件事就是找到當年的那位洗衣婦並且以重金酬謝。

想當年韓信平庸之時，誰想得到這個小子日後竟助劉邦鑄成大業？韓信不也是受過胯下之辱嗎？可見，英雄不一定寫在臉上，並不一定帶著記號；今天的窮小子，未必就不是明日的棟梁。

洗衣婦是聰明的，她聰明在首先有一顆善良的心，肯於幫助落難的人，幫助他們渡過難關；她更聰明在幫助人的時候並不時時在乎回報。與暫時不得勢的人交往，其好處在於一方面，可以未雨綢繆，超前蓄勢；另一方面，由於沒有多少功利色彩，更可能成為生死之交。

這個現象在經濟上最明顯不過了，就像買股票一樣，買了最有價值的原始股，這跟「冷廟」燒香的道理一樣。一般人燒香都選香火鼎盛的廟，是認為這種廟比較靈驗，可以庇護自己各方面順利如意。而越是香火鼎盛的廟，越是吸引香客。其實，人趨炎附勢的行為和燒香的行為是一樣的，總是向當權的人、當紅的人靠攏，同道的當然奉承巴結，不同道的也要想盡辦法拉上一點關係，就像人們走遍千山萬水也要到某個名寺燒一炷香一樣。

喬西亞從父親的手中接過了一家食品店，這是一家古老的食品店，很早以前就存在而且已出名了。喬西亞希望它在自己的手中能夠發展得更加壯大。

一天晚上，喬西亞在店裡收拾，隔天他要和妻子一起去渡假。他打算早點關店門，以便為渡假做準備。突然，他看到店門外站著一個年輕人，面黃肌瘦、衣服襤褸、雙眼深陷，一個典型的流浪漢。

喬西亞是個熱心腸的人。他走了出去，對那個年輕人說道：「小夥子，有什麼需要幫忙的嗎？」

年輕人略帶點靦腆地問道：「這裡是喬西亞食品店嗎？」他說話時帶著濃重的墨西哥口音。「是的。」

年輕人更加靦腆了，低著頭，小聲地說道：「我是從墨西哥來找工作的，可是整整兩個月了，我仍然沒有找到一份合適的工作。我父親年輕時也來過美國，他告訴我，他在你的店裡買過東西。哦，就是這頂帽子。」

喬西亞看見小夥子的頭上戴著一頂十分破舊的帽子，那個被污漬弄得模模糊糊的「V」字形符號正是他店裡的標記。「我現在沒有錢回家，也好久沒有吃過一頓飽飯了。我想……」年輕人繼續說道。

喬西亞知道了眼前站著的人只不過是多年前一個顧客的兒子，但是，他覺得應該幫助這個小夥子。於是，他把小夥子請進了店內，讓他好好地飽餐了一頓，並且還給了他一筆路費，讓他回國。

不久，喬西亞便將此事淡忘了。

過了十幾年，喬西亞的食品店越來越興旺，在美國開了許多家分店，於是他決定向海外擴展，可是由於他在海外沒有根基，要想從頭發展也是很困難的。為此喬西亞一直猶豫不決。正在這時，他收到一封從墨西哥寄來的一封陌生人的信，原來就是多年前他曾經幫過的那個流浪青年。此時那個年輕人已經成了墨西哥一家大公司的總經理，他在信中邀請喬西亞到墨西哥發展，與他共創事業。

這對於喬西亞來說真是喜出望外，有了那位年輕人的幫助，喬西亞很快在墨西哥建立了他的連鎖店，而且發展的非常快速。

在別人困難時伸以援手，盡自己所能去真心誠意地在物質或精神上給他人以寬慰，不見風轉舵，更不落井下石。在人際交往中，見到他人需要幫忙，要立刻上去協助。因為人情就是財富，人際關係一個最基本的目的就是結人情，有人緣。

成功者就是這樣善於發掘潛力股，更懂得放寬心思不要緊盯著潛力股。

多施捨一些，自己並不會損失多少，而多付出一些自然會有更多人享受到幫助，渡過難關，還有什麼比這更有意義的呢？

發現「潛力股」，並加以細心培養，助其一臂之力，成人之好。無時無刻都要累積自己的人脈，不斷發掘潛在的新一代力量，只有這種先見之明，才能使你得到眾人輔助，以一人之力借百人之力，以眾人之能成就光輝事業。

6. 不要把雞蛋放在同一個籃子裡

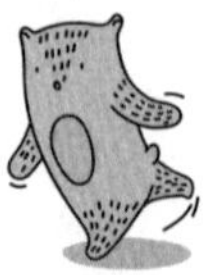

經濟學中講求不要將雞蛋放在同一個籃子裡，這也是投資的首要理念。在社交中也是如此，不要只交有限的人，這樣你就錯失了很多機會。要將你的朋友圈子擴大，所謂狡兔三窟，這樣才能確保你的人脈資源既廣泛又能派上用場。

多個朋友多條路，一個人不可能完成所有的事情，如果你有足夠的人脈資源，那麼你就可以把一個人的問題變成別人的問題，求助於朋友，幫你渡過難關。累積豐富有效的人脈資源是到達成功彼岸的不二法門，是一筆看不見的無形資產！

當今社會，不管是同學關係、親人關係、同事關係，如果辦事求到他們中間的任何一個，只要你用心去辦了，再難的事也不難。

好風憑借力，送我上青雲。說的是柳絮在風的助力下，青雲直上，飛上藍天。生活中，這種「好風」，就是我們的朋友、同事、親戚，甚至素不相識的人，當然還包括機遇等等無形的事物。一個人的力量總是有限，只有善於借助外力，才能夠實現自己的理想。

三國演義中，最精彩的一戰莫過於赤壁之戰。周瑜和諸葛亮聯手，打算用火攻，可是卻發現一個難題，那就是火攻是陸戰戰術，戰船在水上都是相互分離的，即使放火，也只能燒毀一艘船，無法造成致命打擊。怎麼才能夠讓曹操把船都連在一起呢？

諸葛亮偶遇龐統，忽然想起應該讓這個人幫自己這個天大的忙，讓龐統去說服曹操將戰船連在一起，而諸葛亮料到龐統出馬，曹操一定言聽計從。

因為龐統和鳳雛齊名，都是當時名士，曹操能得到高人指點，一定會聽話。另外，龐統當時還是閒雲野鶴一人，沒有投奔任何主人，所以曹操不會懷疑他的動機。想來想去，龐統真是最佳人選。

龐統答應了之後，果然施展了伎倆，哄得曹操高興地接受了連環計，將戰船鎖在一起。結果在赤壁一把火中，被燒了個精光，大敗而歸。

諸葛亮巧妙地讓龐統幫個忙去說服曹操，借龐統之力完成大計。而曹操聰明一世糊塗一時，竟然因為自己的疏忽和經驗，白白為諸葛亮做了「嫁衣」，成就了諸葛亮的大功。成功人士無一例外地都善於經營自己的人際網路，他們的朋友圈子不僅有可能培養了助日後成功的貴人，也有效的給自己創造了保護層。多個朋友多條路，多個小人多堵牆。想要成功，先要學會交朋友，給自己創造人脈圈！

有時候，很多人懷才不遇，沒有遇到合適的機會來展示自己的能力，如果你能夠在平時注意培養自己的人脈圈、朋友圈，多結交一些人，那麼這些人就有可能成為助你成功的人。

康多莉扎・萊斯一九五四年十一月十四日出生在種族隔離制盛行的阿拉巴馬州伯明罕，小名康迪。和那裡的很多黑人兒童的悲慘命運不同，萊斯從小就受到了良好的教育，在家人的保護下順利長大，並憑藉個人的努力獲得了成功。

萊斯家相信這樣一條嚴峻的真理，黑人的孩子只有做得比白人孩子優秀兩倍，他們才能平等；優秀三倍，才能超過對方。父母告訴康迪，在伯明罕以外有更多的機會，如果她勤奮學習，力爭上游，就會得到回報。進入學校後，康迪學習十分出色，一年級和七年級都跳級了。萊斯說：「我上過芭蕾舞課，學過法語，還上過禮儀課。」康迪的外祖父母從各方面保證孩子們不受種族主義的傷害。

康迪的母親是一位鋼琴教師，因此康迪從幼年時起就開始接受母親孜孜不倦的音樂教育。康迪一直夢想成為職業鋼琴家，十六歲那年她進入父親所在的丹佛大學拉蒙特音樂學院學習鋼琴演奏。除了鋼琴，康迪在運動方面也很有天賦，網球和花樣滑冰玩得都很出色。兒時的她受父親影響，對美式橄欖球也十分著迷。她曾經開玩笑地說，如果能夠當上美式橄欖球聯盟主席，她寧願不當國家安全顧問。

在大學裡，一堂國際事務課改變了她的命運。那堂課的主講者是約瑟夫•克貝爾，主題是列寧的繼承者史達林。萊斯突然發現，「蘇聯政治居然那麼有意思」，她說：「俄羅斯讓我從音樂中跳了出來。」十九歲那年，萊斯大學畢業，二十六歲獲博士學位，精通四門語言的她隨後成為史丹福大學的助教，專攻蘇聯的軍事事務。

這些只是萊斯的基本功，真正助她成功的機會是在一九八七年史丹福大學的一次晚宴上，當時萊斯幾句簡短而有特色的關於蘇聯問題的分析，引起了時任福特總統國家安全事務助理的斯考克羅夫特的興趣。一九八八年大選之後，斯考克羅夫特成為老布希總統的國家安全事務助理，萊斯隨後被任命為國家安全委員會蘇聯事務司司長，並很快成為老布希總統和夫人芭芭拉的私人朋友。

一九九五年小布希剛剛當選為德克薩斯州州長後，老布希安排萊斯同自己的兒子首次會面。一九九八年，當兩人再次見面時，話題已轉為下任總統所面對的外交情勢了。面對布希家族的邀請，萊斯沒有絲毫猶豫，她迅速辭去了史丹福的教職，專心輔佐小布希。在小布希當選美國總統後，萊斯出任美國國家安全顧問，成為美國政壇最耀眼的政治女明星之一。

若不是成為前總統夫婦的朋友，萊斯應該沒那麼順利的成為小布希的幕僚，並迅速成為政壇明星。可見，你的朋友圈子裡要有這樣的權力人物，為你提供一個發展的平臺，不然的話，再多的「臭皮匠」也只是臭皮匠，只會讓你跟他們一樣混日子，不會有大出息。

不過，朋友結交容易，維持一輩子患難相助的真情卻不容易。相處難，任何感情都需要在交往過程中多一點包容和忍讓，這樣才能讓朋友間的溫度不會下降，距離不會疏遠，永遠作為支持你的後備軍。

朋友之間，親人之間，無時無刻都有「東風壓了西風，西風壓了東風」的事情發生，吃點眼前虧，退一步海闊天空，可以避免大家的關係僵化，避免因一時的衝動而白白失去珍貴的感情。歷史上著名的「管鮑之交」，正是說明了這一點。

管仲和鮑叔牙一起做生意，管仲因為家境不好，經常會在分紅的時候給自己多算一點，或者在其他地方占一點小便宜。旁人都在鮑叔牙面前說管仲的壞話，但是鮑叔牙卻處處為管仲說話，後來還推薦他作宰相。

正是因為鮑叔牙肯吃虧，才交到一位摯友，而且為國舉才，造福於全國人民。所以，一個人懂得付出，不計較吃虧，才可能有一個多彩的人生，相反過於精明，只知道接受，卻吝於付出，必定是一個貧窮的人生。

廣泛結交朋友，培養人脈，有些時候不一定是為了謀求更多的利益。退一步講，而是為了避免自己受到他人的潛在攻擊，保證自己至少能夠擁有一塊立足之地，這也是自我保護的一種方式。所以，在努力提高自身能力的時候，千萬不要忽略對自己人脈的關注。

做任何事情都是需要點經濟頭腦的，交朋友也一樣，別把自己的雞蛋都放在一個籃子裡，多找幾個籃子，你會受益無窮的。

Happy
Life
Economics

如果你不懂經濟學，
那損失可就大了！

這個世界上處處都有低成本、
高效益的事情，
就看你是否能夠動動腦筋
讓自己事半功倍，
輕鬆獲得成功！

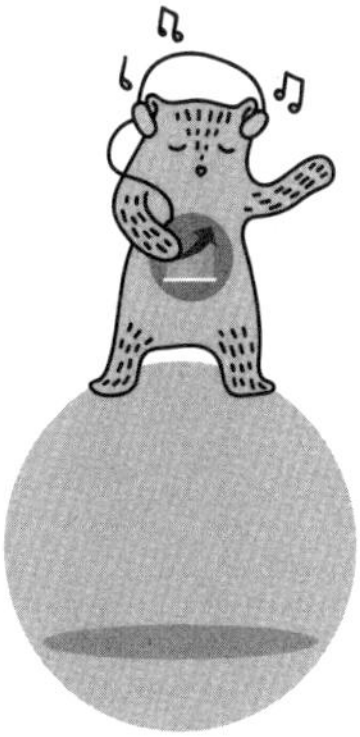

戀愛中的經濟學

戀愛不只是花前月下的甜言蜜語，其實，簡單的愛情裡面也有複雜的經濟學問題。你為愛情付出了什麼？你從愛情中收穫了什麼？你的愛情的期限是多久？其實都可以從經濟學角度給出解釋。說穿了，愛情也是經濟行為，信不信由你，不妨看看本章的講述。

1. 戀愛預期，不失望的訣竅

每一個人都會在心中模模糊糊的描摹出自己期望另一半的樣子，等到某一天，不經意的遇見了一個跟想像中差不多的人，便會覺得自己是一見鍾情。其實，心裡早就有這樣模糊的形象存在了，這是典型的按圖索驥。

換句話說，戀愛中的人或者準備戀愛的人都是有預期的，對方的身高多少、體重幾何、長相怎樣、身世如何、愛好興趣、氣質魅力、家庭情況等等，這些模糊的條件組合在一起，雖然沒有清晰的定出個規定來，但是卻有個大致的框架。適合你的永遠是一類人，而不是一個人。只要是一類人，那麼就都屬於這個框架。那麼一旦某一天這樣一個人出現了，你感到了心動，其實，不過是按照心裡已經畫好的圖找到現成的人而已。

可是，畢竟瞭解一個人是很難的，我們不可能憑一面之緣就斷定對方是什麼人，即使是長久的相處，也無法完全瞭解對方。這就產生了預期與現實不一致的問題，很可能你遇到的那個人根本沒有想像中的那麼好，在一起時間長了就什麼毛病都暴露出來了；也可能彼此都是很好的人，但就是不適合在一起；也有可能是身邊不起眼的人，以為完全沒可能，可是朝夕相處之後卻發現原來是自己的真命天子或者真命天女。

預期最大的特點就是具有不準確性。錢鍾書的代表作《圍城》講述了一個失敗的婚姻，從這個故事中，我們也可以看出，人們的預期是多麼的不準確。

無論多麼美好的感覺，我們都傾向於在事情發生的那一刻將其美化，其後在心中留下久久不去的完美印象，而實際上卻總是有缺陷的。初始的兩個人，由於不熟悉，總會被對方的外表、氣質、談吐等吸引，這種美好的感覺往往讓自己調高對對方的預期，以為自己遇到了白雪公主或者白馬王子，但是真正接觸之後、真正在一起之後，才知道彼此不是完美的，總有些缺點是難以忍受的，於是預期就被完全打破。

畢淑敏寫過這樣一篇文章，《一見鍾情還是按圖索驥》，文章中這樣講到，其實，世界上完全喪失前兆的一見鍾情是沒有的。人們對於自己伴侶的設計，有著奧妙的先入為主的軌跡。它不但存在於我們的理智當中，也潛伏在不曾察覺的潛意識當中。也許你從來沒有在紙上列出過你對這個問題的標準答案，但這並不證明你是徹頭徹尾的一張白紙，並不等於你對與什麼樣的人共度一生，完全沒有過自己獨特的思考和認真的設計。也許從父母的言傳身教中，也許從鄰里的街談巷議中，也許從社會的規範評說中，也許從文學作品的潛移默化中……總之，純粹的愛情白紙是沒有的，在看似空無一物的卷宗中，有鉛筆用虛線打下的草稿。在某個特定的時辰，某一個特定的形象恰好嵌入了這個無形的標準之中，一見鍾情就以迅雷不及掩耳之勢把它變成了工筆重彩描繪的現實。所謂的一見鍾情，不過是按圖索驥。

既然太高的預期容易讓人失望，那麼反過來說，如果預期很低，則容易獲得意外的驚喜。著名的青蛙王子的故事就是一個很好的例子。

在遙遠的古代，有一個國王有好幾個女兒，個個都長得非常美麗；尤其是他的小女兒，更是美如天仙，就連見多識廣的太陽，每次照在她臉上時，都對她的美麗感到驚詫不已。國王的宮殿附近，有一片幽暗的大森林，在這片森林中的一棵老椴樹下，有一個水潭，小公主常常來到這片森林，坐在清涼的水潭邊上，取出一顆金球，把金球拋向空中，然後再用手接住。這成了她最喜愛的遊戲。

不巧的是，有一次，小公主伸出兩隻小手去接金球，金球卻一下子滾到了水潭裡不見了。小公主哭了起來，這時她忽然聽見有人關心的詢問她是否需要幫忙。小公主四處張望，不料卻發現一隻青蛙，從水裡伸出他那醜陋不堪肥嘟嘟的大腦袋。

小公主對青蛙解釋了情況，青蛙說自己有辦法幫助她，但是得需要一些回報才行。

小公主回答說要什麼東西都可以，衣服、珍珠和寶石、甚至頭上戴著的這頂金冠，都可以給青蛙，可是青蛙並不要這些，牠提出要做公主的好朋友，一起遊戲，吃飯的時候讓牠和公主同坐一張餐桌，用她的小金碟子吃東西，用她的小高腳杯飲酒，晚上還要睡在她的小床上；要是公主答應所有這一切的話，牠就潛到水潭裡去，把金球撈出來。

小公主答應了，但是心裡卻不想這麼做。於是等青蛙把金球找回來之後，小公主把金球撿了起來，拔腿就跑，不理青蛙在後的叫喊。

第二天，小公主跟國王和大臣們剛剛坐上餐桌，才開始用她的小金碟進餐，突然聽見啪啦啪啦的聲音。隨著聲響，有個什麼東西順著大理石臺階往上跳，到了門口時，便一邊敲門一邊大聲嚷嚷：「小公主，快開門！」聽到喊聲，小公主急忙跑到門口，想看看是誰在門外喊叫。打開門一看，原來是那隻青蛙，正蹲在門前。國王發現小公主一副心慌意亂的樣子，就問她發生了什麼事情。

小公主把昨天的事情解釋了一下。這時候，青蛙也在外面大聲講著昨天的故事。國王聽了之後要小公主開門，放青蛙進來。

青蛙上了桌子之後，就開始用公主的金碟子吃得津津有味。過了一會，青蛙又要求去公主的臥室睡覺。小公主只好帶著牠上了樓，把牠放在臥室的一個角落裡。可是她剛剛在床上躺下，青蛙就爬到床邊要求在床上睡。公主很生氣，一把抓起青蛙，朝牆上用力的摔去。誰知牠一落地，已不再是什麼青蛙，一下子變成了一位王子，一位兩眼炯炯有神、滿面笑容的王子。直到這時候，王子才告訴小公主，原來他被一個狠毒的巫婆施了魔法，除了小公主以外，誰也不能把他從水潭裡解救出來。於是，遵照國王的旨意，他成為小公主親密的朋友和伴侶，明天，他們將一起返回他的王國。

小公主因為討厭青蛙，差點錯過了天賜的美好姻緣。因為預期太低了，反而帶來了意外的驚喜，這就是世事的奇妙之處。

這故事給我們的啟示就在於，既然每個人心裡都有一個秤，不妨試著調低自己的預期。如果你期望的少一些，那麼只要獲得一點東西，就會非常滿足、非常幸福。

任何人都在心中對未來有個預期，對人也好，對事也罷，如果不想失望，就不要過分的調高自己的預期，因為期望越多，失望就越多。適當調低你的期望吧，你會發現原來自己擁有的原來這麼美好！

2. 戀愛成本，全力以赴的投入

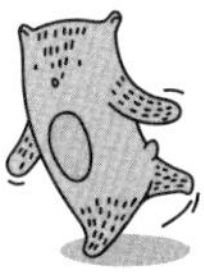

愛情有多久，邊際成本就要付出多久

前面我們已經講過，所謂成本就是為達到一定目的而付出或應付出資源的價值犧牲，它可用貨幣單位加以計量。戀愛也是需要巨大的成本付出的，沒有大量的投入，怎麼會有產出呢？人們一般不願意將大學生男女的戀愛用成本收益法進行分析，認為大學生戀愛是一種純潔的感情表達，而非理性計算的結果。然而，「經濟學帝國主義」帶著「新經濟人」假定這項利器已完全衝垮了傳統的防線。

戀愛要付出成本，同時會獲得收益，大多數人都會在戀愛對象與戀愛方式的選擇上自覺或不自覺地進行成本收益的權衡與比較。幸福的愛情往往意味著戀愛的收益大於成本，而淒美的愛情則相反。只不過，其成本收益已遠遠超出純經濟因素的考慮，還會考慮到感情的痛苦與幸福、心理的折磨與愉悅，有的時候還會透過利他的行為來利己。也就是說，戀愛中的成本跟普通的成本不一樣。那麼，戀愛的成本究竟都有哪些呢？我們不妨來分類看看。

最顯性的成本莫過於以金錢衡量的付出，不妨叫做會計成本，主要是指在戀愛過程中的現金或物資的直接支出。大學生戀愛中的會計成本，主要是交易費用。我們用一個會計的記帳法來調侃一下風花雪月式的愛情。

首先是搜尋成本，如果你還沒遇到合適的人，怎麼樣也得花點本錢去找吧？創造點機會認識更多的人，這個成本可不容忽視。比如大學生，在搜索戀愛對象時所要投入的成本因不同的搜索管道，會產生不同的搜索成本。一般來說，同班或系內同學的搜索成本較低，而到校外或婚介機構搜索的成本就較高。比如工作了的人，遇到的人有限，只能靠朋友什麼的相互介紹，那麼製造機會也是一大筆支出。

不過這還只是戀愛的小小前奏，一旦發現可行的目標，繼而就需要大筆的支出啦，不妨把這個叫做投資最貼切了。花前月下、請客吃飯、跳舞看電影、送禮物等等無不費時費力費錢，而這些就構成了追女朋友的直接成本。有個故事講出了戀愛的成本和其中的無奈：

一個年輕人愛上了一個女子，最後這個女子成了他的未婚妻。這天，她過生日，年輕人想送件禮物。他來到商店，看了鑽石，珠寶等等，但它們太貴了，他根本買不起。突然，年輕人看見了一個花瓶，這個花瓶是如此美麗以致於年輕人覺得把它買來送給未婚妻是再合適不過了，但它依舊這麼貴。

年輕人看了很久，後來經理注意到他了。聽了他的情況，經理很同情。他指著牆邊一大堆碎花瓶片說：「這樣吧，我叫人把這些碎片送去給你，再要他進門時裝作失手掉落不就行了？」

到了女孩生日那天，年輕人很緊張。果然有個夥計送來一個盒子，但他進門時把它掉到了地上。所有客人都看著這個盒子，她拆開一看，是些碎花瓶片，但每一碎片都是分開包裝好的……

不管是誰追誰，一定要送禮物、製造浪漫氣氛和機會，那麼這些支出可就不容忽視哦！

事實確實如此，想要抱得美人歸，就得下一番苦功夫。不過，如果這些付出能夠得到美好的結局當然好，可是大多數情況下，還是有不少人一拍兩散，那麼前期的成本就白費了，於是又有一個新名詞誕生了：「沉沒成本。」

沉沒成本，也就是一經投入就難以回收的成本。在戀愛過程中，男女雙方各自的投入往往難以收回，也即構成了沉沒成本。正是因為如此，戀愛中投入更多的一方較不容易提出分手，而投入較少的一方較為容易提出分手。如果兩者的投入基本平衡（如實行花錢的ＡＡ制），因雙方都有不小的沉沒成本，所以比較容易鞏固雙方的關係。

那麼，戀愛中的一方為什麼又喜歡看到對方為自己大量投入呢？原因有二：一是對方投入量的多少，可以被看作為愛的多少的尺規，這裡有一種信號功能；二是對方投入越多，沉沒成本就越高，就越不容易提出分手，進而掌握戀愛中的主動權。但是，對方的投入越多，就必然會要求更多的回報。如果他或她的投資報酬率大大低於社會平均水平，則很容易發生感情投資的轉移。

樂觀地說，如果你的戀情進展順利，自然就不涉及清算沉沒成本的問題啦，不過這時候卻有新的成本產生，那就是機會成本。

機會成本是指在戀愛中所投入的時間、精力和金錢等資源如果投入到別的領域或另一個戀愛對象中所可能帶來的最大收益。前者可能導致工作狂，後者就是最讓人遺憾的「有緣無分」的情況啦。流傳已久的徐志摩和林徽因之間的唯美故事從一個側面說明了這個概念。

徐志摩出身望族，他父親徐申如是浙江硤山鎮巨富，經營銀行，是有名的銀行家。按照父親的意願，徐志摩應該子承父業，因此到西方留學時，他讀的是經濟系。但不久就覺得經濟學與他無緣，他經常與文學家交往，漸漸荒疏了經濟學，不久即輟學到歐美各國遊歷。在倫敦，聽說著名的書法家兼詩人林長民來了，即上門求教，不意竟因此邂逅林徽因，當即墜入愛河。

與林徽因相見之時，徐志摩已是一個兩歲孩子的父親，二十四歲的他與林徽因相比大了八歲，是大哥哥輩的人物了。當時，他的妻子張幼儀與孩子都來了倫敦。在徐志摩發動多次猛烈攻勢之後，林徽因看似牢固的防線最後潰了提，她是這樣對他說的：「我不是個感情隨意的女子，你必須在我與張幼儀之間做出抉擇。」浪漫的徐志摩即回家告訴張幼儀，他準備離婚。張幼儀雖然感到太突然，但仍理智地對待這件事，隨即帶著孩子往德國留學去了。徐申如聽說兒子如此對待妻子，氣憤之下宣佈斷絕父子關係，並停止經濟上的援助，且將銀行業務及財產交由張幼儀主管。此後這位徐家大公子就靠自己的雙手養活自己了。

張幼儀的大哥叫張君勱，是民國初政壇風雲人物，二哥張嘉敖則是當時政府中央銀行總裁。林徽因就這樣當了第三者，這一介入後果比較嚴重。事實上，徐志摩也做了第三者，因為林徽因當時也已經許配了梁思成。很有意思的是，作為父親的林長民竟然也同意女兒與徐志摩之間的愛情，渾忘了自己已經把掌上明珠許配了梁家大公子。

然而，林、徐好景不長，因為不久後林長民遊歐時間結束，林徽因只得隨父親歸國，等徐志摩趕回國時，林徽因已與梁思成訂婚了。徐志摩是梁啟超的學生，在老師面前，除了克制自己外，還能做什麼呢？但在遇到陸小曼之前徐志摩一直懷念著林徽因，且總是梁思成、林徽因家裡的常客。

梁思成、林徽因到美國留學後經常有衝突，激烈的時候，林徽因就寫信給徐志摩，因為這樣，徐志摩對林徽因一直心存幻想。梁思成、林徽因學成歸國後任教於東北大學，後因林徽因身體欠佳，曾在北京西山養病一段時間，梁思成未在身邊。這個時期，徐志摩經常去西山看望林徽因。因為這樣一段經歷，後世研究者總以為徐志摩、林徽因之間的關係已經越過雷池了，然而誰也拿不出證據來。因此，徐志摩、林徽因的感情到底到了哪一步，至今恐怕是個懸案。

不久，徐志摩在北京的舞會上認識了有夫之婦陸小曼，徐志摩再次介入並與陸小曼結婚。徐志摩婚後並不幸福，甚至很不幸福，又常向朋友傾訴，對象主要是胡適、林徽因和凌叔華等，直到一九三一年遇難身亡。林徽因在一九三一年和一九三四年分別寫過兩篇紀念徐志摩的文章，真情流露。

徐志摩對林徽因的影響是巨大的，如果沒有徐志摩，林徽因是不會走上現代文學之路的。在倫敦剛相識之時，徐志摩就寫過很多詩送給林徽因，最有名的是《偶然》。

在遇到一個人並決定結婚的時候，你就放棄了更廣闊的世界啦！這就叫機會成本。也許這麼說會讓人很反感，但是在經濟學上確實如此。

戀愛即使修成了正果，也是需要不斷的付出的，不妨把這個叫做邊際成本或者說變動成本。如果你是男生的話，你不再可以每天睡懶覺，你不可以抽菸、喝酒，你不可以一直玩遊戲，你要練習忍耐，你還要陪她逛街，記得每一個紀念日和她的生日……如果妳是女生的話，妳要記住每天早晨會有一雙惺忪的眼睛，向妳要溫熱的早餐，他也可能挑剔妳的髮型老土、妳的衣服難看等等……愛情是需要不斷維護的，這種維護啊，就跟固定資產的檢修一樣，沒完沒了，說穿了，愛情有多久，邊際成本就要付出多久哦！

此外，還有一種不太明顯的成本，統一叫做心理成本吧，這主要是指戀愛過程中因各種不確定性或挫折而帶來的心理壓力與精神負擔。失戀的人需要一段時間來恢復，這是毋庸置疑的，不想做正經事、安不下心等等，都直接導致生產力下降，產出降低，心理成本的代價也很高哦！

世界上沒有免費的午餐，即使是愛情也是如此。沒有全力以赴的投入，沒有傾情的維護，任何愛情都不會結出甜美的果實。如果你準備好了，就開始這項人生中風險最大的投資吧，只要營運得當，你會收穫大於成本的！

3. 戀愛效用，用心營造浪漫

浪漫也是一種生活方式，效果就是為你帶來的滿足感和幸福感。戀愛最偉大的結果，就是讓這個世界上多了一個關心自己的人，在這個世界上找到了歸屬。從此，每一個節日、每一個值得紀念的日子，都有人一起共度。

戀愛的效果果然不是一般的物品能比擬的。如果你買一件衣服、添購新裝備，可能興奮一下子就忘了，可是戀愛的欣喜，卻是一輩子難忘的。

戀愛的這種作用，有賴於一種叫做「浪漫」的東西。浪漫需要質樸清純的性格，沒有一定的詩人氣質的人縱使被大雨淋透也體會不出浪漫。我們說某某人很浪漫，是指這人生活不為世所羈，自由自在依自己的天性而生活。這往往是一個人表現出的性格。

浪漫也是一種生活方式。浪漫就是在不知不覺中流露出來的真情真意，那是愛的表現，是做不出來的，而那時的所做所為就是浪漫的展現。浪漫純乎是一種靈性的浮現。

浪漫更是一種心境。浪漫的行為不是刻意追求所能得到的。這是一種很美好的心境，一種很美好的形象，當你對自然，對人，對事物深深地喜歡、用心愛著的時候，往往會悄然升起這種感受。

有一個美麗的，千古流傳的愛情故事：

相傳在很早以前，南陽城西牛家莊裡有個聰明、忠厚的小夥子，父母早亡，只好跟著哥哥嫂子度日，嫂子馬氏為人狠毒，經常虐待他，逼他做很多的工作，一年秋天，嫂子逼他去放牛，給他九頭牛，卻要他等有了十頭牛時才能回家，牛郎無奈只好趕著牛出了村。

牛郎獨自一人趕著牛進了山，在草深林密的山上，他坐在樹下傷心，不知道何時才能趕著十頭牛回家，這時，有位鬚髮皆白的老人出現在他的面前，問他為何傷心，當得知他的遭遇後，笑著對他說：「別難過，在伏牛山裡有一頭病倒的老牛，你去好好餵養牠，等老牛病好以後，你就可以趕著牠回家了。」

牛郎翻山越嶺，走了很遠的路，終於找到了那頭有病的老牛，他看到老牛病得很嚴重，就去給老牛打來一捆捆草，一連餵了三天，老牛吃飽了，才抬起頭告訴他，自己本是天上的灰牛大仙，因觸犯了天規被貶下凡間來，還摔壞了腿，無法動彈。自己的傷需要用百花的露水洗一個月才能好。牛郎不畏辛苦，細心地照料了老牛一個月，白天為老牛採花接露水治傷，晚上依偎在老年身邊睡覺，到老牛病好後，牛郎高高興興趕著十頭牛回了家。

回家後，嫂子對他仍舊不好，曾幾次要加害他，還好都被老牛設法相救。嫂子最後惱羞成怒把牛郎趕出家門，而牛郎只要了那頭老牛相隨。

一天，天上的織女和諸仙女一起下凡遊玩，在河裡洗澡，牛郎在老牛的幫助下認識了織女，二人互生情意，後來織女便偷偷下凡，來到人間，做了牛郎的妻子。織女還把從天上帶來的天蠶分給大家，並教大家養蠶，抽絲，織出又光又亮的綢緞。

牛郎和織女結婚後，男耕女織，情深義重，他們生了一男一女兩個孩子，一家人生活得很幸福。但是好景不長，這件事很快就讓天帝知道了，王母娘娘親自下凡來，強行把織女帶回天上，恩愛夫妻從此被拆散。

牛郎上天無路，還是老牛告訴牛郎，在牠死後，可以用牠的皮做成鞋，穿著就可以上天。牛郎按照老牛的話做了，穿上牛皮做的鞋，拉著自己的兒女，一起騰雲駕霧上天去追織女，眼見就要追到了，豈知王母娘娘拔下頭上的金簪一揮，一道波濤洶湧的天河就出現了，牛郎和織女被隔在兩岸，只能相對哭泣流淚。

他們的忠貞愛情感動了喜鵲，千萬隻喜鵲飛來，搭成鵲橋，讓牛郎織女走上鵲橋相會，王母娘娘對此也無奈，只好允許兩人在每年七月七日於鵲橋相會。

後來，每到農曆七月初七，相傳牛郎織女鵲橋相會的日子，女子們就會來到花前月下，抬頭仰望星空，尋找銀河兩邊的牛郎星和織女星，希望能看到他們一年一度的相會，乞求上天能讓自己能像織女那樣心靈手巧，祈禱自己能有如意稱心的美滿婚姻，因此形成了七夕情人節。

我們尋找浪漫，是想證明自己快樂的方式與眾不同；我們選擇浪漫，是為了讓在一起的時光更加溫馨；我們製造浪漫，是因為不想讓生活的沉悶把我們變得世俗；我們享受浪漫，是因為它讓我們感受到了幸福。一生有浪漫相伴，才會永遠擁有幸福。

男女剛陷入愛情的時候，必然會主動製造一些浪漫的氣氛來吸引對方，讓彼此都享受在一起的時光。隨著關係固定下來，最初的溫度略為下降之後，人們對這種事情就做得就很少了，儘管兩個人仍舊十分愛著對方，但是似乎已經習慣了彼此日常的樣子，覺得沒有必要特意尋找什麼浪漫，也忘記了如何享受浪漫。這主要是因為男人與女人對於浪漫有不同的看法。

男人的觀點過於理性，對於他們而言，浪漫的氣氛只是達到某種目的的工具。他們不知道，浪漫的氣氛對於女人而言是非常重要的，其意義更是非同小可。女人總是需要寵的、需要哄的，還要不時地得到一點驚喜、一點滿足、一點浪漫，來避免生活的無味。浪漫是情到終老時，把對方放在心上最重要的位置。

一對老夫妻，都到了白髮的年齡。有一天他們在街上漫步，老頭看到路邊的燒餅，回憶起了以前吃燒餅的感受，還說了句：「那味道真好。」於是他們來到燒餅鋪前，可是剛好沒有現成的，這時天上下起了雨。

老頭說：「走吧，不要等了。」

老伴不走，說：「我等著，你先回去吧。」

老頭沒有走，只是默默地陪在老伴身邊。

可是直到買到了燒餅，老伴還是沒有要走的意思。

雨越下越大，他們沒有帶傘，老頭也沒有作聲，依然守在老伴身邊……

後來老頭問老伴：「妳買了燒餅為什麼不走？」

老伴說：「我是想看看燒餅是怎麼做的，以後做給你吃。」

老頭很感動。

老伴說：「那你為什麼不先回去，下那麼大的雨。」

老頭只是笑笑。

當你和他走過青春的浪漫，共築愛巢，愛情就變成了親情。愛情的保鮮期也許是短暫的，但親情的溫暖卻是永恆的。

就像一首歌裡唱的那樣：多希望我們就這樣背靠著背坐在地毯上，聽聽音樂聊聊願望。你希望我越來越溫柔，我希望你放我在心上；你說想送我個浪漫的夢想，謝謝我帶你找到天堂，哪怕用一輩子才能完成，只要我講你就記住不忘。我能想到最浪漫的事，就是和你一起慢慢變老，一路上收藏點點滴滴的歡笑，留到以後坐著搖椅慢慢聊。直到我們老的哪兒也去不了，你還依然把我當成手心裡的寶。

浪漫到了極致，就是這樣在平淡中表達真愛和關懷，就是在不經意間的行為彰顯出對方就是你的唯一。不需要蠟燭，不需要薰香，浪漫有時只是牽著手安靜地走過，有時只是彼此相依偎共賞旖旎的月光。生活中的浪漫，平淡，但是久長。

浪漫也是出於對彼此的欣賞，而由衷的讚美愛人。愛情的最初，兩個人正是由於相互欣賞才走到了一起，對一個人的欣賞，是指對一個人的品格或能力的認同，相互欣賞則是指互相理解、認可、忍讓與包容。可是隨著我們慢慢熟悉、不分彼此，往往忽略了對方的價值和優點。如果缺乏真心的讚美和鼓勵，那麼最初的讚美給彼此帶來的美妙感受和感激之情就會大大降低，直接導致的結果就是兩人的感情聯繫變得薄弱。因此，多多鼓勵對方，把他當作一個值得讚賞的對象，告訴他你對他身上的某個特點非常著迷，比如他良好的社交能力，不為人知的小癖好，甚至是他健美的身體。

經常在公共場合向他人誇獎你的妻子，也是浪漫最平凡的表現形式之一。不論你處在什麼樣的公共環境中，請由衷地向大家誇獎你的妻子是個多麼出色的母親，她新剪的髮型是多麼的有魅力，她在工作中取得了多麼引人注目的成績，以及其他所有你對她的欣賞與感激。

生活是平淡而無味的，就需要我們主動營造一點浪漫。怎麼樣都是過一輩子，如果每天吵架、鬥嘴，那麼你的愛情的效用很可能就為負值；如果每天甜甜蜜蜜，相互關心、形成默契，那麼愛情的效用就可能無窮大。

一切在你自己手中，營造一點浪漫吧，讓愛情的效果再大一些！

4. 戀愛博弈，給彼此多點信任

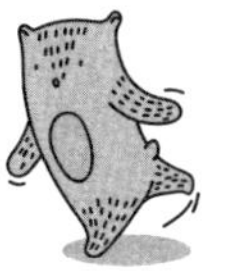

愛情博弈是高風險的，一招走錯，一生都輸。愛情有與經濟行為相似的地方，也有它獨特的地方。愛情是感性，是需要信任的，戀愛或者結婚的兩方，就像處於長期重複博弈的兩個對手一樣，這輩子都捆在一起。如果這一次做錯了事，可能傷了對方的心，甚至導致勞燕分飛；如果這一次做對了，也可能留住彼此，在甜蜜中廝守終生。

相愛的人，在彼此面前都會流露出最真實的一面，這是好事，也是壞事。好處就是彼此能夠更好的瞭解對方，不好的地方就是彼此太瞭解了，往往不顧顏面，橫衝直撞，可能一件小事，就會引起軒然大波。

小雅下班回家的時候，因為加班了半個小時，路上又塞車，早就過了吃晚飯的時間。老公早就吃過飯坐在電腦前玩遊戲。小雅一進門，老公問：「妳吃飯了沒有？」

小雅因為塞車心情急躁，沒好氣地說：「我不是才剛回家嗎？上哪去吃飯？」

老公也不高興了，說：「沒吃就沒吃，幹什麼發火啊？」

小雅又回他說：「我都快餓扁了，你倒好，酒足飯飽還玩遊戲，真是好命！」

老公說：「行了行了，每次回家都沒個好臉色。算我問錯了，行了吧！」

小雅重重地把包包扔到沙發上，兩個人都不再說話。

這兩夫妻，非要占上風，像兩隻鬥氣的公雞一樣，非要分個高低勝負。

其實何必呢？在溝通的過程中，往往會因為一句話而引起他人的不悅，就是因為我們沒有考慮對方的感受，只是發洩自己的情緒，一吐為快。為了避免產生語言衝突，在你說任何話之前，都該先想想自己「如果別人對我這樣說，我會作何感想？」「我的批評是有害的、還是有益的？」在很多的情況下，如果能多花一些時間，設身處地為他人著想，就不會一句話惹得眾人怒了。

家庭之事都是些小事，何必非要爭個你死我活？不妨退一步，為對方著想，這樣大家才會其樂融融了。小雅一回家就惡言惡語，火藥味十足，老公不生氣才怪呢。其實，何必非要強調自己沒吃飯而別人正在玩遊戲？自己工作辛苦不代表別人就要端端正正坐在家裡等你回家啊。很多時候，換一種語言，透露出自己的柔和會使二人的關係更加親密。不妨再看一個例子：

同樣是下班回家，方瓊則是這樣說的：「老公，我回來啦！」

「吃飯了沒有？」

「還沒有呢。你吃過了吧？」

「吃過了。正好沒事玩玩遊戲。」

「怎麼樣？沒被人家打得落花流水吧？」
「沒有，不可能。我很厲害的！」
「吹牛！等吃完飯我也要玩，你一定玩不過我！」
「是嗎？那妳趕快吃飯吧，我也抓緊時間，要不然被妳搶了！」
夫妻倆你一言我一語，言語親密，心平氣和，顯得浪漫溫馨。關係是營造出來的。同樣的事情，有人著急上火，口不擇言，有人則不急不躁，言語穩重，最後結果就大相徑庭。話語如同一把利刃，可以伐木也可以傷人，就看操持者怎麼使用。己所不欲，勿施於人。既然每個人都喜歡聽那美酒一樣的良言，為什麼不對別人也說出美好的語言呢？注意說話的方式，把難聽的話說得好聽，才是真正有素養的人，也只有這樣，才能將彼此的關係維護得更好。

戀愛與婚姻應該拋開權力、地位等等的局限，如果你無法將身分轉換，那就無疑要面對失敗的婚姻。

艾伯特和維多利亞女王夫妻相處和睦，但是也有不愉快的時候，原因就在於妻子是女王。

有一天晚上，皇宮舉行盛大宴會，女王忙於接見貴族王公，卻把她的丈夫冷落在一邊。阿爾貝托很生氣，就悄悄回到臥室。不久，有人敲門，房間裡的人很冷靜地問：「誰？」

敲門的人昂然答道：「女王。」

門沒有開，房間裡沒有一點動靜。女王只得再敲門。

房裡的人又問：「誰？」

女王和氣地說：「維多利亞。」

可是，門依然緊閉。女王氣極了，想不到以英國女王之尊，竟然還敲不開一扇房門。她帶著憤憤的心情走開了。可是走了一半，想了想還是回去又重新敲門，裡面仍然冷靜地問：「誰？」

敲門人輕聲地說：「你的妻子。」

這一次鬥開了。

夫妻間鬥嘴就像是博弈，有些時候不妨先退一步，自己軟下來，對方也就不好再計較下去。在獨木橋上相遇，總要有一個先退讓，不然就會兩敗俱傷。感情也是如此，適當的忍讓，才是維繫感情的良藥。

社會是變化的，層出不窮的第三者、閃婚閃離事件，都說明了感情的脆弱。如果希望感情歷經日久洗禮仍溫馨如故，就需要對彼此多一點信任和支持。

很久很久以前，有一對新婚夫婦生活非常貧困，往往得靠親友的接濟才能過下去。有天，丈夫對妻子說：「親愛的，我要離開家了。我要去很遠的地方找一份工作，直到我有條件給妳舒適體面的生活才會回來。我不知道會去多久，我只求妳一件事，等著我，我不在的時候要對我忠誠，而我也會對妳忠誠的。」

很多天後，男人來到一個正在招工的莊園，他被錄用了。他要老闆答應他一個請求：「請允許我在這裡想做多久就多久，當我覺得應該離開的時候，您就要放我走。我平時不想支取報酬，請您將我的工資存在我的帳戶裡，在我離開的那天，您再把我賺的錢給我。」雙方達成協定。

年輕人在那裡一工作就是二十年，期間都沒有休假。忽然有一天，似乎聽到的神的召喚似的，於是他對老闆說：「我想拿回我的錢，我要回家了。」

老闆說：「好吧，我們有約定，我會照約定辦的。不過我給你兩個選擇，要麼我給你錢，你走人；要麼我給你三條忠告，不給你錢，然後你走人。你好好想想再給我答覆。」

他想了兩天，然後跟老闆說：「我想要你那三條忠告。」

老闆提醒說：「如果給你忠告，我就不給你錢了。」

年輕人堅持說：「我想要忠告。」

於是老闆給了他「三條忠告」：第一，永遠不要走捷徑。便捷而陌生的道路可能要了你的命。第二，永遠不要對可能是壞事的事情好奇，否則也會要了你的命。第三，永遠不要在仇恨和痛苦的時候作決定，否則你以後一生會後悔。」

老闆接著說：「這裡有三個麵包，兩個給你路上吃，另一個等你回家後和妻子一起吃吧。」

在遠離自己深愛的妻子和家庭二十年後，男人踏上了回家的路。一天後，他遇到了一個人，那人問他：「你要去哪裡？」他回答：「我要去一個沿著這條路要走二十幾天的地方。」那人說：「這條路太遠了，我認識一條捷徑，幾天就能到。」他高興極了，正準備走捷徑的時候，想起老闆的第一條忠告，所以他回到了原來的路上。後來，他得知那個人要他走的所謂捷徑完全是個圈套。

幾天後，他走累了，發現路邊有家旅館，他打算住一夜，付過房錢後他躺下睡了。睡夢中他被慘叫聲驚醒，他跳了起來，正想開門看看發生了什麼事，但他想起了第二條忠告，於是回到床上繼續睡覺。起床後吃完早飯，店主問他是否聽到了叫聲，他說聽到了，店主問：「您不好奇嗎？」他回答說不好奇。店主說：「您是第一個活著從這裡出去的客人。我的獨子有瘋病，他經常大聲叫著引客人出來，然後將他殺死埋掉。」

他接著趕路，終於在一天的黃昏時分，遠遠望見了自己的小屋。屋裡的煙囪正冒著炊煙，還依稀可以看見妻子的身影，雖然天色昏暗，但他依然看清了妻子不是一個人，還有一個男子伏在她的膝蓋，她撫摸著他的頭髮。看到這一幕，他的內心充滿仇恨和痛苦，他想跑過去殺了他們。但他深吸一口氣，快步走了過去，這時他想起了第三條忠告，於是停下來，決定在原地露宿一晚，第二天再做決定。

天亮後，已恢復冷靜的他對自己說：「我不能殺死我的妻子，我要回到老闆那裡，求他收留我，在這之前，我想告訴我的妻子我始終忠於她。」

他走到家門口敲了敲門，妻子打開門，認出了他，撲到他的懷裡，緊緊地抱住了他。他想把妻子推開，但沒有這麼做。他眼含淚水對妻子說：「我對妳是忠誠的，可是妳卻背叛了我。」妻子吃驚地說：「什麼？我從未背叛過你，我等了你二十年。」他說：「那麼昨天下午你愛撫的那個男人是誰？」妻子說：「那是我們的兒子。你走的時候我剛剛懷孕，今年他已經十九歲了。」丈夫走進家門，擁抱了自己的兒子。

在妻子忙著做晚飯的時候，他對兒子講述了自己的經歷。一家人坐下來一起吃麵包，他把老闆送的麵包撕開，發現裡面有一枚金幣——那是他二十年辛苦工作得到的工錢。

不要輕信別人的言語，你的眼睛所看到的事實也有虛假。你的愛人是你在世界上最親的人，也是愛你和你愛的人，他們用盡全部的愛來關心你、保護你還唯恐不夠，他們寧願用自身遭受痛苦的代價來換取你的平安，寧願用自身的辛苦來為你換取幸福，不要為了一時的傳言或者自己的猜疑而懷疑你的愛人。

親人之間，是一種血濃於水的情感，這種信任，是建立在血脈上不可斷絕的信心，如果你連自己的愛人都不信任，那麼這個世界上還有什麼人你能夠相信及依賴呢？

信任你的愛人，不是簡單的表現在言語上、行動中，這種信任給予一種濃厚的親情，是不可替代不可更改的。這種信任有可能是表現為一個鼓勵的微笑，一個溫暖的擁抱，一次有力的握手。

愛情就像是一場長期的博弈，聯繫在一起的兩方就這樣一輩子要相互影響。如果想要將感情永遠保鮮，就請收起自己的架子與脾氣，多一點忍耐、多一點信任，用心經營你的感情，必將收穫真情的碩果。

5. 戀愛公式，請畫上不等號

如果一切都扯平，那麼聽起來就不像是愛情，而像是做生意了。如果也可以給愛情計算一下左邊右邊，列出一個等式的話，請在等號上畫一條斜線，因為愛情從來都是不平等的。不是你付出多，就是對方付出的更多。付出的越多、愛的就越深。愛情是個不等式，關鍵是不要刻意追求平等，只要愛的投入，就不要斤斤計較。

有一位王子，愛上了一位女子，這位女子一無所有，沒有美貌，沒有錢財，並且還是奴隸，但這位王子是那麼的愛她，毫不鄙視她，而且願意為她捨棄一切，付出一切。

這位王子做了一個重要的決定，他放棄了王子的身分，選擇做了奴僕，來到這位女子身邊，他要告訴她，她應該去追求的，他親自鼓勵她，希望她有追求自由與幸福的勇氣，他付出自己的生命，只為要贖得他心愛女子的自由。

但是，這位女子起初的時候並不愛他，也不理會他的愛，她甘心地做著奴隸，也不明白他講述的自由，她就是那麼不在乎地活著，就那樣看著那位深愛她的他，默默地，為她忍受了所有的羞辱與痛苦，毫無怨言地用自己的命贖了她的自由。

終於，有那麼一天，她開始懂得了他的愛，明白了他用生命為她換來的自由，她開始去追求，去改變自己做奴隸的習性，她開始去愛他，去明白他，她理解了他為她所忍受的一切，所付出的生命……

她不再做奴隸，她按照他喜悅的她，所盼望她的樣子去生活，她懂得了他犧牲的愛，她不再為自己活，她為了他，要活出最漂亮的生命！

但這是一個浪漫的愛情故事，這位王子最後復活了，他親自帶領他深愛的女子，克服一切艱辛困難，走盡一切當走的路，回到他父親的國度，從此過著幸福的生活。

這是全世界最真摯，最美好，最偉大，最浪漫的愛情！這是流傳在基督教牧師中的愛情故事。

愛情方面，付出的和回報的，往往總是不會讓你滿意的。你愛他愛得很多，為他可以去做任何事，可是他卻不領情。你對他可能只付出了一點點，而他卻願意為你去死。也許他愛你愛得瘋狂，反而你卻毫無感覺。

愛一個人，是沒什麼理由的。也許你是一個美麗的人，因為你的美麗，你的要求也許很高，你理想中的人也許很難得到；也許你不美麗，你的要求也許不會太高，反而容易結良緣。幸福往往就落在他們身上，一個瘦高和一個矮胖，粗大型和小巧型，皮膚白膩和黑壯型，這樣的組合比所謂的郎才女貌更加穩定，更加安全。每個人的身上總會有些特殊的東西，在別人看來無所謂，只有在愛他的那個人眼裡才會有感覺。愛情本來就是不等式，何苦去追求平等呢？

愛情的美麗正在於付出，如果能夠用自己的付出換來對方的成就，那麼為什麼不默默地做一個在後台支持的人呢？

電影《美麗境界》是一部關於一個真實天才的極富人性的劇情片。故事的主角是數學家約翰・奈許。英俊而又十分古怪的奈許早年就作出了驚人的數學發現，開始享有國際聲譽。但奈許出眾的直覺受到了精神分裂症的困擾，使他向學術上最高層次進軍的輝煌歷程發生了巨大改變。面對這個曾經擊毀了許多人的挑戰，奈許在深愛著的妻子愛莉莎的相助下，毫不畏懼，頑強抗爭。經過了幾十年的艱難努力，他終於戰勝了這個不幸，並於一九九四年獲得諾貝爾獎。

一九四七年約翰・奈許進入普林斯頓大學學習並研究數學。這個「神祕的來自西佛吉尼亞的天才」並沒有上預備班的經歷，也沒有遺產或富足的親戚資助他進入「常春藤盟校」。優雅的社會交際他根本不屑一顧，上課也提不起什麼興致。他整天沉迷著的只是一件事：「尋找一個真正有創意的理論。」他深信這才是他應該從事的事情。

普林斯頓的數學系競爭十分激烈。一個晚上，奈許與一些同學在當地酒吧娛樂，當時他們對一個熱情的金髮碧眼女人的反應引發了他的靈感。當奈許觀察著這些競爭對手時，常常在他腦海裡醞釀的想法突然變得清晰起來。他隨之撰寫出了關於博弈論的論文——「競爭中的數學」——大膽地將現代經濟之父亞當・斯密的理論做出了不同的解釋。這個已經被人們接受了一百五十年的思想突然變得陳舊過時了，奈許的生活也從此發生了改變。

奈許後來獲得了在麻省理工學院進行研究和教學的工作，這可是一個眾人覬覦的工作，但是他對這些並不滿意。科學曾為美國在第二次世界大戰中的獲勝發揮了巨大的作用。現在，冷戰盛行，奈許渴望在這場新的衝突中發揮自己的優勢。他的願望得到了實現，神祕兮兮的威廉・帕奇招募他參加一個絕密的任務，破解敵人的密碼。

奈許在麻省理工學院工作的同時，全心地投入到這個耗神的工作中。在這裡，奈許受到了一種全新的挑戰，但是這次的挑戰卻是來自光耀照人的愛莉莎・賴德，一個物理系學生，她向奈許引入了一個從來沒有認真考慮過的觀念——愛情。

不久，奈許和愛莉莎結婚了，但是他不能告訴她，他正在為威廉・帕奇從事的危險任務。這項工作稍有不慎洩了密，後果將不堪設想。奈許一直是悄悄地在做，他被這項工作深深地迷住了，並最終迷失在這些無法抵禦的錯覺中。經診斷，他得的是妄想型精神分裂症。

奈許的遭遇讓愛莉莎嚇壞了，隨著每一天都似乎會給他們帶來新的恐怖，這對令人羨慕的伴侶已失去了當初讓人羨慕的樣子。但是愛莉莎仍然在她愛著的男人身上發現了他的超凡魅力，這也是支撐她對他承諾的泉源所在。受到她那堅貞不渝的愛情和忠誠的感動，奈許最終決定與這場被認為是只能好轉、無法治癒的疾病作抗爭。

謙卑的奈許目標很簡單，但要實現這些目標卻是難上加難。處在病魔的重壓之下，他仍然被那令人興奮的數學理論所驅使著，他決心尋找自己的恢復常態的方法。絕對是透過意志的力量，他才一如既往地繼續進行著他的工作，並於一九九四年獲得了諾貝爾獎。與此同時，他在博弈論方面頗具前瞻性的工作成為二十世紀最具影響力的理論，而奈許也成了一個不僅擁有美好情感，並具有美麗心靈的人。

任何一個成功的男人或者女人，一定有著另一個人在為他／她無私無怨的付出著，安慰他受傷的心靈，鼓勵他受挫時繼續前進，為他做著最簡單但卻包含著溫暖的事情。正是這種付出，才使得自己愛著的另一半實現了夢想。還有什麼比這個不等式更感人的嗎？

處在不等式的兩邊，就要仔細衡量自己，做得夠多嗎？做得夠好嗎？生活的真理是相互理解，如果一個人只考慮自己，不考慮別人，是難以取得幸福的。因為一個只考慮自己的人，關心的只是自己的得失，其行事準則是：自掃門前雪，不管他人瓦上霜。生活是人與人的連結，假若不想掉進深淵，就要牽別人的手，給他人以力量的同時，自己也得到生存和發展的支援。情侶也是如此，只有多為對方考慮考慮，才能贏得彼此的真心，共同營造幸福。

山姆經常抱怨自己妻子總是花太多時間在他們家的草坪上，因為他覺得即使一週修剪兩次，草地也和他們當初搬進來的時候差別不大。山姆每次在他的妻子修剪完草坪後都會這麼說，這讓他的妻子很不開心，每次說的時候，都會破壞原來的和睦氣氛。

有一次，山姆看到一本書，書上說到生活中需要經常站在對方的角度來思考。直到這個時候，山姆才知道自己的問題出在哪裡，他從來都沒有想過他的妻子辛苦地修剪草坪，是渴望她的勞動成果能得到別人的稱讚。

後來，當山姆的妻子再去修剪草坪的時候，山姆主動提出要陪妻子一起去修剪。他的妻子顯然沒想到他會主動要求陪自己，顯得很高興，兩個人就在一種很愉快的氛圍下一起修剪了院子裡的草坪。

自此以後，山姆就經常和妻子一起修剪草坪，不僅如此，他還經常誇獎妻子勤快，說妻子很厲害，能把院子裡的草坪修剪得與水泥地一樣平。雖然山姆的誇獎可能有點誇張，但是他們夫妻之間的感情卻得到了明顯的改觀，這是因為山姆將心比心，學會了為別人著想。

愛情也好，婚姻也罷，請記得為你我之間畫上不等號，不要錙銖必較的衡量付出與收穫，一旦你傾心地愛著一個人，就會把他的事業當成你的事業，就會把他的生活當成你的生活。不等式的美麗在於，就像蹺蹺板一樣，如果兩個人平等了，那麼就只能在離地面不高的位置靜止著；只有不等，才能讓對方到達更高的地方！

6. 戀愛價值，別從結婚時貶值

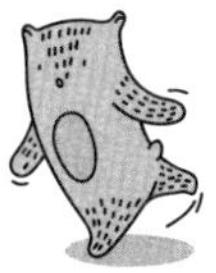

我們都是只有一隻翅膀的天使，只有擁抱在一起才能飛翔！

相愛容易相守難，愛情的定義，每個人有每個人不同的看法，現實生活中，男女之間互相之間受到對方的吸引，進而產生了感情，不是件困難的事情。可是問題在於，面對一份感情時，如何把握手中的幸福？見多了離散，你還能相信天長地久的愛情嗎？都說婚姻是愛情的墳墓，是不是美好的愛情，一旦走進婚姻的殿堂，便變得一文不值？

婚姻是神聖的承諾，一旦許諾，就要忠誠的用一生去守護這個諾言。可是生活畢竟是生活，生活就是現實，柴米油鹽這些瑣事總會讓愛情的美麗大打折扣，往往讓曾經相愛的彼此反目成仇，難道婚姻真是愛情貶值的罪魁禍首嗎？

看到年輕的情侶在雨中散步，你會感嘆道：「真浪漫啊！」情人節男朋友送來一束玫瑰，妳送給他一盒樣式可愛的巧克力，別人會滿臉羨慕地對妳說：好幸福啊！下雪了，兩個人一起靜靜地在路上踩出一大一小兩排腳印，是給馬路留下的浪漫的痕跡；過生日，忽然從廣播裡聽到他專門為妳點播的歌曲，是給夜空留下了浪漫的電波。所有這些浪漫的記憶，發生在我們還年輕的時候，還有激情、對生活仍充滿了希望的時候，那時候，我們把這種浪漫叫做愛情。

有人說，婚姻是愛情的墳墓。如果真是這樣，那麼，婚姻，是否也是浪漫的墳墓呢？

當工作完一天，丈夫回到家後，見到妻子，說的第一句話往往是：「今天真累！」這樣的見面語令妻子倍感傷心。妻子見到丈夫的第一句話往往是：「嗨，你今天有沒有想我？」面對這樣的詢問，丈夫一般會有點木然地說「嗯，這個……工作，想了。」這樣的回答一定不會令妻子滿意。

男人是理性的，女人則是感性的。女人將自己認為很有趣同時覺得也很有真實性的一本書拿給男人之後，男人會匆匆翻幾頁便丟在一邊，說道：「滿篇的謊話，鬼才相信！」可是女人會一邊看一邊掉眼淚，其實，她只是想要丈夫來安慰一下。生活就是這樣，當房子、車子、孩子、老人等等一些現實的話題擺在面前時，我們早就忘記了曾經擁有的那一份愛情的浪漫，只想著柴米油鹽，食衣住行，早已將愛情拋在了腦後，以為它不過是無所事事的年輕人刻意創造的玩物。

曉娟在老家有份穩定的職業，平日上班很清閒，喝喝茶，聊聊天，每個月拿兩、三萬的薪水，家裡有房有車，她所賺的薪水全由她自己支配，日子倒也過得挺愜意的。

他們夫妻兩人剛開始還挺恩愛的，但是好景不長，沒多久就開始吵架。原因其實簡單，這兩個人都是個性很強的人，她先生愛喝點小酒，酒量又不怎麼好，人一喝多了，說話有時候就不經過大腦。曉娟又把他的酒話全部當真，於是夫妻兩個就天天吵架，吵到後來，發展到動手打架。再好的感情也禁不起這樣三天兩頭的吵鬧與打架，再說男人與女人之間，先天上就有體質的不同，兩夫妻打架，誰輸誰贏是明擺的事情。

於是隨之而來的事情就一大堆，鬧到了要離婚的地步。為此，雙方家裡的親戚、朋友不得不出面當和事佬，勸這個勸那個，整天不得安寧。

這樣的日子誰過得都不痛快，曉娟最終選擇了回到老家繼續上班。人就是這麼奇怪，在一起天天吵架，分開了，反而感情又慢慢回升，他們兩個人平時經常通電話，十分甜蜜，大家看著都覺得好笑。但是這兩個人一旦生活在一起，又恢復以前的樣子了。聽回家過春節的其他朋友說，今年的春節沒過完，他們又開始吵架了。看來，他們實在是不適合長期一起生活。

說他們沒有感情，並不是這麼回事，如果讓他們生活在一起，又非得吵架不可，看來他們最大的問題就是出在各自的脾氣上，只要有一個肯退一步，讓一讓，就完全是兩樣的了。相愛容易，相守太難。愛上一個人並不難，難的是如何讓愛情保鮮，如何讓感情持久？現實生活中，多一些包容，多一些體諒，多替對方著想。現實中的誘惑有許多，如果不好好珍惜，再好的感情，也說不定哪天就變質了。愛情縱然是無價的，可是婚姻和生活卻讓愛情面臨貶值的風險，如果不想貶值，就要好好維繫這份感情。那麼，又該如何守護呢？

關於如何對待女人，《聖經》中記載了這樣一句話：「溫柔地對待她們。」這句話說明的原則就是：「男人們，你們的力量不是用來恐嚇威脅你的妻子，使她們服從你，而是用來愛護她們，保護她們；女人們，也不要頑固地用妳們智慧顯示妳們的聰明，以削弱或控制妳們的丈夫，妳們的聰明是用來補充妳丈夫的缺點和完善妳丈夫的能力的。」這種溫柔，本身就是一種浪漫。看來上文中這位丈夫是深得溫柔的祕訣了。其實這樣的愛，並不是發生在小說和電影裡的，只要兩個人真心相愛過，在他們的記憶中總會有過閃光的一瞬間，也許正因為有這瞬間的美好，才會使平淡的愛情變得恆久，讓我們一起珍惜那些走過的日子。

結了婚也需要浪漫，也需要愛情的滋潤。當愛情剛開始的時候，往往有著驚天動地的形式和無窮的花樣。當我們慢慢習慣於生活中的瑣碎事情，當我們慢慢習慣於彼此的面孔和規律，似乎可以準確地預知彼此的一舉一動時，當愛情慢慢變成親情時，愛情也會變得更加平常，更加平淡。如果不想讓愛情從結婚的那一刻起開始貶值，請用心維護彼此的感情。

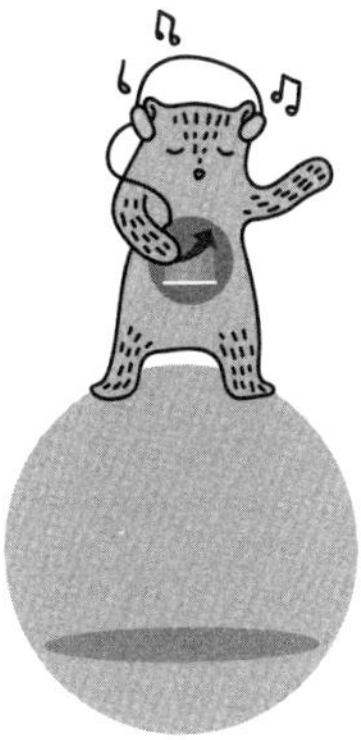

工作中的經濟學

別以為經濟學只是講堂裡的理論概念，其實，很多經濟領域的理論對現實的工作都很有借鑑意義。經濟學與管理學是不分家的，都是現代社會科學的重要組成部分，在工作中借用一些經濟學的方法和思維模式，將讓你事半功倍！

1. 路徑依賴：選對池塘釣大魚

在許多事情上，我們失敗的原因常常只有兩種，一種是因為經驗不足，而另一種則是因為經驗過多，最後異化成「經驗主義」，那還何談成功呢？

第一個明確提出「路徑依賴」理論的是美國經濟學家道格拉斯·諾斯。他由於用「路徑依賴」理論成功地闡釋了經濟制度的演進規律，進而獲得了一九九三年的諾貝爾經濟學獎。

諾斯認為，路徑依賴類似於物理學中的「慣性」，一旦進入某一路徑（無論是「好」的還是「壞」的），就可能對這種路徑產生依賴。

路徑依賴本是指一種制度一旦形成，不管是否有效，都會在一定時期內持續存在並影響其後的制度選擇，就好像進入一種特定的「路徑」，制度變遷只能按照這種路徑走下去。

路徑依賴有不同的方向：一種情況是某種初始制度選定後，具有報酬遞增的效果，促進了經濟的發展，其他相關制度安排向同方向配合，導致有利於經濟增長的進一步的制度變遷。這是一種良性的路徑依賴。

另一種情況是某種制度演變的軌跡形成後，初始制度的效率降低，甚至開始阻礙生產活動，那些與這種制度共榮的組織為了自己的既得利益而盡力維護它。此時社會就會陷入無效制度，進入「鎖定」狀態。這是惡性的路徑依賴。簡單說這兩種情況就是自我強化和鎖定。

生活中，路徑依賴最簡單的例子就是人云亦云，因循守舊。堅持經驗不變是行不通的。因為過去的經驗是過去的時間、地點、環境下的成功做法，隨著時間、地點及環境等因素的變化，那些經驗已經不適用目前的具體情況了。必須具體分析，適時創新、不斷探索新的經驗和做法。

一頭驢子背鹽過河，在河邊滑了一跤，跌進水裡，背上的鹽融化了。驢子站起來，感到身上輕鬆了許多。驢子非常高興，獲得了經驗。

後來有一回，牠背了棉花，以為再跌倒，可以跟上一次一樣。於是走到河邊的時候，便故意跌倒進水裡。可是棉花吸收了水，驢子非但無法站起來，而且還一直往下沉，直到淹死。

現實生活中不也經常如此嗎？像驢子一樣的傻子總是屢見不鮮！從古到今，因抱著不合時宜的經驗不放而失敗者不乏其例。成功的經驗固然有其值得總結之處，然而一味地固守也足以敗事。

汲取前人總結的精華並沒有錯，錯在我們並沒有時刻因地制宜的進行變革和創新，如果我們能將前人的經驗加以改造和完善，並在此基礎上創新，形成自己的觀點和創意，那一定能夠捕捉新的機遇，為自己創造一片天空。

每個人都有自己的基本思維模式，這種模式很大程度上會決定你往後的人生道路。而這種模式的基礎，其實是早在童年時期就奠定了的。做好了你的第一次選擇，你就設定了自己的人生。

有一個十二歲的小男孩，進行了人生的第一次生意。原來，他酷愛集郵，可是在拍賣會上賣郵票需繳納一定的費用，他覺得不划算。於是他說服一個同樣喜歡集郵的鄰居把郵票委託給自己，然後在專業刊物上刊登賣郵票的廣告。出乎意料地，他賺到了兩千美元，他第一次嚐到了拋棄中間人而「直接接觸」的好處。

小時候的這次經歷讓他刻骨銘心。上初中時，他開始做電腦生意——買來零件，組裝後再賣掉。在這個過程中，他發現一台售價三千美元的IBM個人電腦，零件只要六、七百美元就能買到。而當時大部分經營電腦的人並不太懂電腦，不能為顧客提供技術支援，更不可能按顧客的需要提供合適的電腦。這就讓他產生了靈感：拋棄中間商，自己改裝電腦，不但有價格上的優勢，還有品質和服務上的優勢，能夠根據顧客的直接要求提供不同功能的電腦。

後來，小男孩長大，創辦了自己的電腦公司，並採取了自己童年時期「直接銷售」模式，真正按照顧客的要求來設計製造產品，並把它在盡可能短的時間內直接送到顧客手上。他憑藉著自己發現的這種模式，一路做下去。二〇〇二年，他榮登《財富》雜誌全球五百大企業中的第一百三十一位，他就是著名的戴爾。

從一九八四年戴爾退學開設自己的公司，到二〇〇二年躋身財富榜，不到二十年時間，戴爾公司成了全世界最著名的公司之一。正是初次做生意時的正確路徑選擇，奠定了後來戴爾事業成功的基礎。對於每一個想功成名就的年輕人來說，其實成功就這麼簡單：別總是跟在別人後面，選擇屬於自己的正確路徑，然後一直走下去！

一個好的開始是成功的一半，無論何時開始都不會太遲，重要的是你能夠及時捕捉對自己有利的機遇，大膽創新，那麼成功就會屬於你。

很多年前，一則小消息平靜地傳播在人們之間：美國穿越大西洋底的一根電報電纜因破損需要更換。這時，一位不起眼的珠寶店老闆卻沒有等閒視之，他毅然買下了這根報廢的電纜。

沒有人知道老闆的企圖，都覺得「他一定是瘋了！」他呢？關起店門，將那根電纜洗淨、弄直，剪成一小段一小段的金屬段，然後裝飾起來，作為紀念物出售。大西洋底的電纜紀念物，還有比這更有價值的紀念品嗎？

就這樣，他輕鬆地發財了。接著，他買下了歐仁皇后的一枚鑽石，那淡黃色的鑽石閃爍著稀世的光彩，人們不禁問：他是要自己珍藏還是要以更高的價位轉手？

他卻不慌不忙地籌備了一個首飾展示會，人們當然會衝著皇后的鑽石而來。可想而知，想一睹皇后鑽石風采的參觀者會蜂擁著從世界各地接踵而至。他幾乎坐享其成，毫不費力就賺了大筆的錢財。

他就是後來美國赫赫有名，享有「鑽石之王」美譽的查理斯・路易斯・蒂芬妮，一個磨房主的兒子！

敢於不走尋常路，才能夠有所創新。只有不因循守舊，才能發現新的生機。時代在變革，我們遇到的問題也總在變化，如果我們還守著舊的方法不肯鬆手，如果我們還照搬舊的教條不肯創新，那麼怎麼能解決新的問題呢？

經驗不會總是正確的，憑經驗辦事有時也會出錯。我們只有學會了改變並且善於創新，才會離成功越來越近。只有告別對路徑的依賴，才能夠走出不一樣的天空！

2. 沉沒的過去：抱怨真的有效嗎？

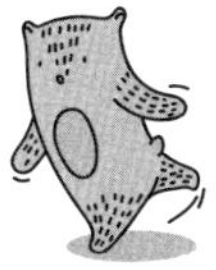

不要為已經發生的事情而抱怨，但是也不要壓抑自己的怨氣。我們已經提到過沉沒成本的問題，經濟生活中不應該考慮已經沉沒的成本，其實，工作中也是如此。我們在做任何事情之前，都不可能保證它是絕對正確的，一旦事情進行的不如我們的意料，最好的辦法就是忘掉已經成型的事實，不追求已經沉沒的過去，不抱怨、不嘆氣，而是馬上行動起來找問題、找方法。

路易士在擔任一家公司的銷售經理，有一陣子公司的資金週轉發生了困難，公司的業務員們知道這個情況後，失去了工作熱情，人人憂心忡忡，公司的銷售量也因此開始下跌。

路易士知道，這種狀況如果發展下去的話，很可能讓他和數千名業務員失去工作。他左思右想，認為問題並不是出在外面，資金短缺不過是一時的現象。真正的原因是在於，公司的員工們早就失去了工作的熱情，所以才導致了一系列連鎖反應。找到原因之後，他召集全體業務員來開會。在聽完大家的抱怨之後，路易士請大家保持安靜，然後要坐在附近的一位黑人男孩為他擦鞋。小男孩不慌不忙，表現出熟練的擦鞋技巧。這個出人意料的舉動讓在場的人們都大為不解，他們開始竊竊私語。

路易士先生告訴在場的業務員說，「這個小男孩以他熟練的技術，可以在這裡賺到相當不錯的收入，根本不需要公司補貼薪水，每週還可存下一點錢來。可是大家都知道他的前任員工，儘管公司每週補貼他五元的薪水，他仍然無法從公司賺取足以維持生活的費用。兩個人工作環境完全相同，在同一家公司，為同樣的人擦鞋，卻有著如此不同的結果，這是為什麼呢？」

業務員們聽完路易士的這番話之後，瞭解到了他的用意：還是一樣的工作環境，一樣的顧客，但是現在的業績大不如從前，並不是因為外部環境發生了變化，而是因為自己沒有了以前的熱情。原因出在自己身上，並不是外界的影響。

找到原因之後，各地的業務員代表不再擔憂公司的財務問題，又重新回到各自的崗位上，恢復工作的熱情，很快就讓公司的銷售業績恢復到了原來的水準。

治標更要治本，這不僅是醫病的真理，更是處世的原則。出了問題，不要盲目抱怨，不要像無頭蒼蠅一樣四處亂撞，亂投醫永遠治不好病，想要找到根本的病因，只有從自己下手。找到了正確的鑰匙，就不用擔心開不了這把鎖。

工作中困難肯定無處不在，解決困難的方法也肯定有，只要你有一雙善於發現問題、發現應對措施的眼睛。不要在落實工作的過程中一遇到困難就停止不前，也不要一遇到問題就相互推諉、相互抱怨，針對問題找出最佳對策才是上上策。方法總比困難多，動腦子找出一招最妙的方法去解決問題，不要停留於困難的表面止步不前。

我們所從事的工作也許並不是自己所喜歡的，也許並沒有那份心儀已久的精彩。但是，我們必須想清楚自己為什麼而工作，想清楚我們生活的目標是什麼，想清楚我們人生的定位何在。如果看不清自己的人生目標，只是一味地埋怨眼前的工作，整日不滿、抱怨、甚至憎恨，都是一種不成熟的表現，也是無能的表現。更有很多人在這種不滿中滋生了消極的態度，在不滿中得過且過，在不滿中等待，在不滿中看時間蹉跎而過，等到暮年時才追悔莫及。

在第二次世界大戰後不久，齊格進入了美國郵政局的海關工作。

起初，他很喜歡他的工作，但五年之後，他開始不滿於工作上的各種限制，包括固定呆板的上、下班時間、微薄的薪水，以及靠年資升遷的死板人事制度等等，在他看來都很令人煩悶。

他也曾想過，何不早點出來自己做禮品玩具的生意呢？他認識許多的貿易商，他們對這個行業的瞭解還不如他多，要是他真的加入這一行，搞不好真能做出點成績。然而，自從齊格想自己創業以來已過了十年，直到今天他仍然是在海關工作。

為何會這樣呢？因為他每次準備放手一搏時，總有一些意外的事情使他停下來，比如資金不夠，經濟不景氣、孩子的誕生，對海關工作的依賴，貿易條款的種種限制，以及許許多多數不勝數的理由。於是他日復一日的在埋怨的現狀中過日子，然後又膽小的不敢憧憬未來，不敢放手一搏，他想等所有的條件都十全十美後再動手，可是實際情況和理想永遠都不相符，他永遠都等不到自己想要的完美機會！於是他只有在不滿中，在憎恨中重複地度過自己的日子。

不滿現狀，使得齊格現有的工作沒有取得任何成績，而不滿於未來的機遇，又使得他錯失了改變自己的機會，沒能走出一條新的路。齊格在不滿中變得消極，在等待中變得懶惰，在膽怯中變得被動。缺乏勇氣去開創未來，讓他被自己找的種種藉口束縛，最終沒有逃出自己心理那個牢籠。

不抱怨、不埋怨，有時候是專心迎戰迎頭而來問題的好辦法，但卻不一定是長久之策。任何矛盾掩蓋久了都會暴露，任何問題累積久了都會演變成更大的問題，我們固然需要在危急時刻不計前嫌，把沉沒的過去拋在腦後，全心迎戰新問題；但是有時候，我們也需要集中發洩一下心中的怨氣，就像甩開包袱一樣，輕鬆上陣。

在韓國的一些企業，有一種叫做「發洩日」的制度設定。就是在每個月專門劃出一天給員工發洩不滿。在這天，員工可以對公司同事和上級發發牢騷，開玩笑、頂撞都是被允許的，老闆也不許就此遷怒於人。這種形式使下屬平時累積的不滿情緒都能得到宣洩，進而大大緩解了他們的工作壓力，提高了工作效率。

在一家德國企業，總經理每隔一個月就會請自己手下的員工一起出去吃飯。用餐時先用一個小時讓員工們彼此隨意發發牢騷，也可以就管理問題提出自己的看法。他們先發洩牢騷，可能是「你上次拖延了時間導致我也沒能按時完成工作」，或者是「你平時工作時脾氣有點大」等等，都是日常工作中的瑣碎小事。隨後，大家再用一個小時發表積極的見解，並就新出現的問題提出改進的建議。

舉行這種「非正式的宣洩集會」的成本很低，卻給大家機會，將平時不想說或者不方便說的話都說出來，將心中淤積的牢騷釋放出來，再以輕鬆的心情投入到新的工作中，效果非常理想。

工作，說到穿了就是態度的問題。只有在適合的時間學會控制自己，做重要的事；在適合的時間學會放鬆自己，發發牢騷、拋棄埋怨，才能讓自己更輕鬆的工作。

3. 時間管理：讓工作的價值最大化

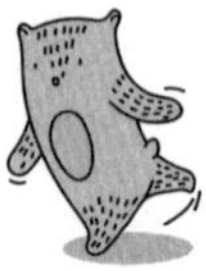

忙碌與成功之間沒有必然的關聯，高效才是我們應該追求的。經濟生活是崇尚有序的，如果你什麼都不講求效率，一味拖延、一團亂，那麼什麼結果都得不到。工作不僅要拼實力、拼能力，更要拼你的效率。同樣的時間裡，如果你效率高，多做了事情，那麼收穫就更多；相反，如果你不懂時間管理的訣竅，那麼就總比別人慢半拍。

時間管理就是讓你在有限的時間裡做出更多、更好的事情來，而時間管理的第一步就是告別拖遝的壞習慣，讓自己立刻行動，變成有效率的人。

有些人總愛把要做的事情往後推。不知何故，我們總是相信以後還有很多時間，或者這件事在別的時間做會更容易些。但實際情況卻是，我們似乎沒有想像中的那麼多時間，而且，事情不及時處理，通常會變得更困難。

有一次，李納德斯先生與一個請求他幫忙的人約好，某天早晨的十點鐘在自己的辦公室見面，要帶他去會見一位火車站站長，接洽鐵路局裡的一個職位。但到了這一天，那個人去見李納德斯時竟遲到了二十分鐘！當他到李納德斯先生的辦公室時，李納德斯先生已經離開了辦公室，去出席一個會議了。

過了幾天，那個人再去求見李納德斯先生，李納德斯先生問他那天為什麼失約，誰知那個他回答道：「呀，李納德斯先生，那天我是在十點二十分來的啊！」

「但是，約定的時間是十點鐘啊！」李納德斯提醒他。

那人仍然說：「但遲到一、二十分鐘，應該沒有太大關係吧？」

李納德斯很嚴肅地跟他說：「誰說沒有關係？你該知道，能否準時赴約是件極重要的事情。就這件事來說，由於你的拖遝，就失去了你所嚮往的職位；因為就在那一天，鐵路部門已接洽了另一個人。而且，我要告訴你，你沒有權利看輕我二十分鐘的時間，以為我白等你二十分鐘是不要緊的。老實告訴你，在那二十分鐘的時間裡，我正要應付另外兩個重要的約會呢！」

拖延既不能使問題消失，也不會使解決問題變得容易，相反的，只會使問題深化，讓工作造成嚴重的危害。我們沒解決的問題，會由小變大、由簡單變複雜，像滾雪球那樣越滾越大，解決起來也越來越難。

養成了拖延的毛病之後，要想做到「今日事今日畢」就非常困難了，更談不上工作的有效落實。沒有任何人會為我們承擔拖延的損失，拖延的後果可想而知，最終的苦果還要我們自己來嘗。

拖延是個不討人喜歡的習慣，不僅讓我們失去個人的自信，而且也失去了別人對我們的信任和尊重，它使我們的生意花掉了比以前更多的錢，同時使得各種機遇的大門不再向我們敞開。

即使你不是一個拖遝的人，也不代表著你就會管理時間。事情千頭萬緒，總有輕重緩急，如果你不分輕重一味鋪開來做，一定到最後什麼都做不好。會管理時間的人，首先學會的就是管理事情，分清事情的順序，將最重要的事情挑出來首先完成，這樣，就能更好地將工作完成。

伯利恆鋼鐵公司總裁理舒瓦普，正為了自己和公司的低效率而憂慮，於是去找效率專家艾維尋求幫助，希望艾維能賣給他一套思維方法，告訴他如何在更短的時間裡完成更多的工作。

艾維說：「好！我十分鐘就可以教你一套至少能提高效率五十％的最佳方法。」

「請在這張紙上寫下你明天要做的六件最重要的事。」舒瓦普用了五分鐘寫完。

艾維接著說：「好了，把這張紙放進口袋，明天早上第一件事是把紙條拿出來，做第一項最重要的。不要看其他的，只是第一項。著手辦第一件事，直到完成為止。然後用同樣的方法對待第二項、第三項……直到你下班為止。如果只做完第一件事，那不要緊，你總是在做最重要的事情。」

艾維最後說：「你要持續每一天都這樣做。你剛才看見了，只用十分鐘時間梳理清楚思路，你就會事半功倍。當你對這種方法的價值深信不疑之後，叫你公司的人也這麼做。這個實驗你愛做多久就做多久，然後寄張支票給我，你認為值多少就給我多少。」

一個月之後，舒瓦普寄給艾維一張兩萬五千美元的支票，還有一封信。信上說，那是他一生中最有價值的一課。

五年後，伯利恆鋼鐵公司從一個鮮為人知的小鋼鐵廠一躍成為世界上最大的獨立鋼鐵廠。人們普遍認為，艾維提出的方法對小鋼鐵廠的崛起功不可沒。

工作需要章法，不能全部一把抓，要分清輕重緩急。這樣才能一步一步地把事情做得有節奏、有條理，才能提高工作效率，將工作落實。只有養成做要事的習慣，對最具價值的工作投入充分的時間，才能高效的完成工作中最重要的事，才能徹徹底底地把工作落實好。總之，如果你能夠記住要事為先，那麼你的工作效率就會有顯著提高，工作進展也會顯著加快，工作完成的也更加出色。

學會把事情分類、分清輕重緩急還遠遠不夠。時間管理還要求我們在做事情的時候要絕對專心，這樣才能集中精力解決問題，不然花再多的時間也是白費。

史丹佛和約翰同在一家世界五百大公司的技術部門工作，無論學歷還是技術水準兩人都不相上下。一次，老闆給了他們難度相當的兩個專案，並要求在一個月之內拿出方案來。其間，史丹佛表現得相當賣力，幾乎每天都是第一個來到公司，然後最後一個離開。而約翰則表現得輕鬆得多，每天按時上下班，並沒有任何不同於往日的忙碌。但是，最終的結果卻出人意料，史丹佛的方案沒有得到老闆的肯定，而約翰的方案卻順利通過了。

在後來與同事的溝通中，史丹佛說出了其中的原委，他每天是很忙碌，但是很多時候，並不知道忙碌的目的是什麼，自己的努力沒有什麼針對性，時間花了，卻沒有得到相應的結果，所以他的方案得不到肯定也是意料之中。而約翰則不同，他把整個工作分成幾塊，每天集中精力完成自己的計劃，每天都能看到自己的工作在一步一步地進行著。他雖然看起來悠然自得，卻能夠保證高效率的工作，所以他的方案獲得通過也是自然的結果。

可見，效率對於工作的落實是至關重要的。所以衡量工作效率時不能看你花多少時間做工作，而是要看做了多少有效的工作，即做了多少能獲得收益的工作。

毫無結果的工作只是一個浪費人力和財力的過程，自然是得不到肯定的。想要高效工作，就應該努力專注於當前正在處理的事情。即使事情再多，也要一件一件地進行，做完一件事就了結一件事情。全神貫注於正在做的事情，集中精力處理完畢後，再把注意力轉向其他事情，著手進行下一項工作。

工作就是員工之間的平等競爭，人人都有機會，人人都可以升遷。關鍵是看誰能創造業績，誰能完成任務；還要看誰能出色地完成任務，誰能更快地完成任務。學會管理時間，就是讓你離成功更近一步！

4. 成本控制：省下的都是利潤

這是一個微利的時代，每一項費用的節約，都無疑是為企業增加了利潤。

在現在的社會中，利潤一直是支持企業發展的最大動力，也是企業追求的最終目標，一直以來，如何獲取利潤是倍受關注的話題。對於企業來說，利潤就是賴以生存的生命線，企業的每一項措施都是為了增加利潤，企業的存在就是為了盈利。

而影響盈利程度的重要因素就是成本費用，獲得同樣的收益時，如果你付出的成本越多，自然盈利就越少。因此成本控制成了現代企業的管理精髓。

所謂成本控制，是企業根據一定時期預先建立的成本管理目標，由成本控制主體在其職權範圍內，在生產耗費發生以前和成本控制過程中，對各種影響成本的因素和條件採取的一系列預防和調節措施，以保證成本管理目標實現的管理行為。

再龐大的企業也是由每台機器、每堆材料加上每名員工組成的，如果每名員工都能愛護機器、節約材料，那麼企業必然能走的遠；反之，資本再雄厚的企業也經不起長期浪費的消耗。

節約成本是一句很廣泛的話，說起來可以很容易，但是真正要做起來就需要每個員工的細心和耐心。創收的功勞常被稱讚，而節支的貢獻有時候卻不為人知。可是，有多少人真正注意到了節約對於企業的意義呢？

全球最大零售商沃爾瑪是世界知名的大企業，可是沃爾瑪的成功之道也在於儉省，他們堅信：省下的都是利潤。

沃爾瑪連續三年蟬連財富五百大榜首，沃爾瑪的成功，離不開它的嚴格管理，離不開「儉」，嚴格控制管理費用，節省成本貫穿在企業經營的每一個環節，比如：

在公司裡，從來沒有專門用來影印的紙，用的都是廢紙的背面；沃爾瑪的辦公室都十分簡陋，而且空間狹小，即使是總部的辦公室也是如此；出差的員工所住的地方，是只能夠洗澡的普通招待所；一旦商場進入銷售旺季，從經理開始所有的管理人員全都到了銷售一線，他們擔當起搬運工、安裝工、營業員和收銀員等角色，以節省人力成本。

這樣的節儉措施在沃爾瑪不勝枚舉。而這種理念的貫穿者，正是創始人山姆，儘管他已經是億萬富翁，但節儉的習慣從未改變，他沒購置過豪宅，經常開著自己的舊貨車進出小鎮，每次理髮都只花五美元——當地理髮的最低價，在外出時經常和別人同住一個房間。

沃爾瑪也有「闊氣」的時候，那就是興辦公益事業上。沃爾頓為大學生設立了多項獎學金，而且還向美國的五所大學捐出數億美元。

在企業發展戰略中，成本控制處於極其重要的地位。

如果同類產品的性能、質量相差無幾，決定產品在市場競爭的主要因素則是價格，而決定產品價格高低的主要因素則是成本，因為只有降低了成本，才有可能降低產品的價格。

花錢就像撒鹽，沃爾瑪像是個大廚師一樣，掌握了撒鹽的技巧：不浪費、不鋪張，嚴格控制管理費用，將每一分錢都花在需要的地方。勤儉才能持家，同樣的，也只有勤儉才能經營好企業。

沃爾瑪贏在「吝嗇」，贏在勤儉。

在企業經營過程中無處不涉及到資源的消耗和費用的支出，作為企業一名的普通員工想為企業節約開支其實很容易。只要每個員工從小事做起，從節約一張紙做起，長久下來因節約成本而增加的利潤是驚人的。

工作過程中關注身邊那些不起眼的小事，比如隨手關燈，隨時關掉不用的電器用品，隨手關掉電腦、印表機、空調、飲水機……舉手之勞，卻可以表現一個人的文明素質和公德意識，擁有這些文明素質和公德意識的企業是具有發展前途的。

勒納是一家中型公司的新任部門經理。作為專門為公司各部門服務的後勤部門，勒納自然沒有業績的壓力。但是，他並不這樣想。

他發現公司的對外宣傳手冊，多年的慣例是分春、秋兩次印製，每次的數量都不多。宣傳手冊內容的調整基本都發生在年底。勒納根據以往的工作經驗知道，如果將兩次印製併為一次，單本宣傳手冊的成本會大幅降低。而且，公司的資料室空間還很大，基本不會增加儲存成本。

於是勒納果斷地在春季印製了全年的宣傳手冊，僅此一項，就為公司節省了數千美元。勒納還要求本部門的所有員工都增強成本意識。員工們都被勒納的精神帶動了起來，努力尋找進一步控制不必要開支的途徑。一年下來成效顯著，為公司節約了數十萬美元的成本。

當年度，公司的營業收入跟上一年度比較並無增長，但利潤卻增長了二十%，而這二十%的利潤增長，基本是沒有業績壓力勒納的部門貢獻的。老闆非常高興，勒納被提升為公司副總，部門的所有員工都多拿了些獎金。

「節約每一張紙」的口號看似單薄，實則蘊涵深刻的內容，它是企業增加利潤的起點。因此，簡單地從節省每張紙做起，你的行為或許能讓公司轉虧為盈，當然，你也可能從中得到回報。

在企業發展過程中，成本的發生無處不在，用心觀察，你的舉手之勞改變的將不僅僅是企業的利潤。

鐘斯是紐約地區一家鍋爐廠的採購人員。由於企業準備進一步擴大規模並提高產品質量，以增強市場競爭力，董事會研究準備從俄亥俄州引進一批優質鋼材。公司決定派鐘斯去和俄亥俄州方面聯繫並採購這批鋼材。

鐘斯的同事都很羨慕他能有這次機會，因為這次公司採購的數量很大，只要略施小計，肯定能撈不少的好處。但鐘斯對於同事們的「好心」勸說，只是一笑置之。

到了俄亥俄州之後，鐘斯並沒有直接去找供應商聯繫，而是先到鋼材市場做了一些深入的調查，其間他遇到了幾個同行。大家在一起交流之後，鐘斯發現自己所要採購的這批鋼材的市場價格，比供應商開出的價格要低五%。於是鐘斯更加深入的對市場作了進一步的分析，很快得到了供應商的價格底線。

鐘斯並沒有隱瞞這個事實，立即將自己所掌握的資訊向公司作了匯報。

在接到公司要求鐘斯全權負責的通知之後，他開始找供應商進行談判。由於已經對市場作了調查，鐘斯並沒有被供應商的花言巧語所迷惑，而是堅持自己的價格。

在最後簽訂合約的時候，供貨方對鐘斯說了一句話：「作為一個公司的採購人員，您真了不起。如果有機會的話，我們願意聘請您作為我們公司的財務部門經理。」

這件事傳開以後，基於鐘斯對公司所做出的貢獻及對工作認真負責的態度，他很快受到了公司的重用，被任命為財務部門副經理，他之後在職場上發展的也很順利。

作為採購人員，以權謀私是件很容易的事情，從中拿回扣似乎是「合理的」、「正常的」。應該怎麼選擇，這就要看每個人的價值取向是短暫的意外之財還是長久的能力認可。

因此，聰明人是不會被一時的小財小利蒙蔽頭腦，從長計議才是明智之舉。日久見人心，總有一天，你的所作所為會得到認可和回報。

那麼怎麼才能在微利的時代創造高利，才是關係企業生存的根本問題。

企業要想更好的發展，更快地適應這個社會，不被社會所淘汰，控制生產的成本才是更有效的手段，還是兩個字：節約！所不同的是，這次是成本的節約。

追求利潤是企業管理永恆的主題，也是每位員工都要關注並且努力去實現的目標。為實現目標，需要每位員工都能從身邊小事做起，以企業利益為重，節約每份資源，節約每項成本，進而達到提高效益，增加利潤的目的。

5. 木桶理論：讓自己的短板變長

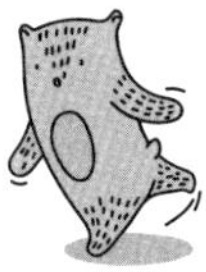

劣勢決定優勢，劣勢決定生死，這是市場競爭的殘酷法則。

木桶最主要的作用是用來盛水，一個由多塊木板構成的木桶，其價值在於其盛水量的多少；但決定木桶盛水量多少的關鍵因素不是其最長的板塊，而是其最短的板塊。

對於一個圓口不齊的木桶來說，其中的某一塊木板或者幾塊木板再高都沒有用，突出的木板一樣不能盛水，反而是最短的那塊木板控制著木桶的盛水量。這塊短板本身是有用的，只是因為「發展」得沒有其他木板那麼好，就因為個體的落後而影響了整體的實力。這就是由美國管理學家彼得提出的木桶原理。

「短板」是決定木桶盛水量的尺規。個人要想取得成功，就一定不要讓自己成為團隊或組織中的「短板」，「短板」只會被淘汰。如何將「短板」變長，是決定企業發展和個人進步的關鍵。只有齊頭並進，才能避免受到瓶頸的制約，才能在挑戰中順利勝出。找到你的「短板」，然後，想辦法把它變長！

有一次，西納救生圈公司的副總經理不得不開除一個很有希望的年輕職員，因為他不能接受別人的批評。這個職員是由一個小學徒升上來的，他很有才幹，所以升得很快，一直升到該公司的工程預算部主任，負責公司內部各項工程的預算。

有一天，一個速記員查出他在預算中算錯了兩千元，於是把詳情呈報給上司，後來經理也知道了這件事。

這個年輕主任聽後勃然大怒：「這個速記員不該查我的核算，查出來也不該提出來。」

經理問他到底是不是算錯了，他說是的。

「你覺得速記員還是不應該說出來，而是應該使公司受損失以維護你的威嚴嗎？」那個人又說是的。經理勸他，像他這樣做的話，是很難做出什麼大事業的。

時間過了很久，人們都快要忘記此事時，他在算一個工程時又出現了錯誤。當經理批評他時，他又非常生氣，一點也沒有認錯的意思。後來那個經理實在沒辦法，只能解雇他了。

「短板」的表現主要是企業的某一方面的職能不健全或弱化，特別是那些對於企業的發展起著關鍵作用的管理能力、資金、技術、人才問題等因素，如果這些因素難以和其他的職能實現協調統一的發展，那麼就會使企業的整體運作能力降低，盈利能力降低。如果公司不開除這個不聽批評的主任，那麼他遲早會成為影響公司發展的短板。

因此，一個組織、一個人不是憑藉某一方面的超群或突出就能立於不敗之地，而是要看整體的狀況和實力。一個人是否具有很強的競爭力和穿透力，往往取決於他是否有薄弱環節，劣勢決定優勢，劣勢決定生存。如果你某一關鍵能力真的非常薄弱，那你就喪失了參與競爭的入場券，更不用說是與他人平分蛋糕了。

任何一個組織或許都有一個共同的特點，即構成組織的各個部分往往是優劣不齊的，但劣勢部分卻往往決定著整個組織的水平。問題是「最短的部分」是組織中一個有用的部分，你不能把它當成爛蘋果扔掉，否則你會連一點水也裝不了！所以，對於短板，也不能簡單的一換了之，還要看具體情況具體分析，爭取將有用的短板變長。而對於短板自身來說，也要透過主動學習，不斷進步來增進自己的實力，最起碼要達到團隊的平均水準，以免拖累團體。

想要成功其實很簡單，不做「短板」，就不會面臨被淘汰的可能；做「長板」，才能成為企業和社會都離不開的人。

還有許多的成功人士，他們總是在工作中不斷的努力學習、繼續學習，用自己的努力告別作短板的過去。這些成功人士的例子告訴我們，與其靠死拼硬幹來累積自己的財富，不如靜下心來認真學習，全面、根本提升自己的競爭力。

告別「短板」經歷的訣竅就是不斷學習。如果你每天花一個小時的時間用來學習你不知道的知識，那麼在五年之後，你就會驚訝於它給你的生活帶來的影響。

著名的體育專欄作家阿科・沃爾德曾報導過這樣一件體育趣聞：

在全國女子網球單打比賽中，十六歲的莫琳・康諾莉剛剛打敗了頓絲・哈特。莫琳直落兩盤，輕鬆取勝。

要知道，頓絲・哈特可是溫布頓網球公開賽的冠軍，專家們評論她在和莫琳的比賽中已經發揮出了最高的水準，但仍不是這個加州十幾歲少女的對手。前溫網冠軍瑪麗進餐廳，向莫琳表示祝賀，而莫琳卻說：「瑪麗，要是妳三十分鐘內能準備好的話，我想和妳再練練球，我的反手接球有點弱！」結果，她們幾乎練打了一個小時。

但是第二天，莫琳・康諾莉還是再次贏得了全國冠軍。

沃爾德評論說：「這個來自加州聖達戈的小女孩的故事令人回味無窮。在勝利的輝煌時刻她卻說：『我想再練練』。」在以後的日子裡，莫琳・康諾莉還是一如既往地完善自己，這使得她能夠在後來幾年的網球比賽中一直保持「冠軍」的地位。

就是這樣，關注自己的薄弱環節，可以讓自己成為一個全面的職業選手。而如果我們始終覺得自己有一方面突出的優勢就可以的話，那我們必將被社會所淘汰。讓自己的短板變長，才可以最終勝出。

對於企業來說，也是如此。在一個企業中，許許多多的員工和部門共同構成了企業這個「木桶」，而決定企業整體質量和潛力，乃至最終的發展前景的因素卻是這個企業中能力最低者或者能力不及的部門的，這實際上是因為最差者或者能力最弱的部門剝奪了能力最強者和最優者的努力，其實質是人才和資源的巨大浪費，當然也不會為企業帶來增長，不會為員工們創造更多的福利。

如果一個企業要尋求發展追求卓越，就必須把好員工關，無論是選擇員工、培訓員工還是回饋員工，都得秉持嚴格的標準。

水桶定律告訴我們，領導者要有憂患意識，如果你個人身上某個方面是「最短的一塊」，你應該考慮儘快把它補起來；如果你所領導的團體中存在著「一塊最短的木板」，你一定要迅速將它做長補齊，否則，它帶給你的損失可能是毀滅性的，有些時候，往往就是因為一件事沒做好而毀了所有的努力。

最短的木板本是組織中有用的一個部分，只不過比其他部分差一些，你不能把它們當成爛蘋果扔掉。強弱只是相對而言的，無法消除，問題在於你容忍這種弱點到什麼程度，如果嚴重到成為阻礙工作的瓶頸，你就不得不有所行動。揚長才能避短，補短才能揚長，要讓「短板」變成「長板」，這樣才能齊頭並進，發揮「一加一大於二」的效應，獲得成功。

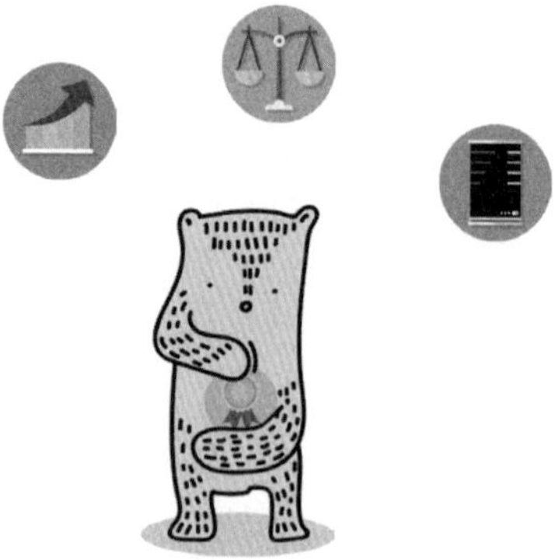

4. 努力為自己增添價值

我們都是普通人，唯一能夠改變我們的就是努力。

經濟活動無疑都是追求價值最大化的，個人要追求自己獲得的效用也就是滿足感最大化，企業要求自己的利潤或者說是企業的價值最大化……對於個人來講，我們都不完美，存在著種種不足使得自己沒有表現出鑽石一樣的價值，比如出身不高、相貌不完美、智商不超群等等，所以我們的價值不僅是處於初級階段的，更是需要提升的。

能讓自己的價值最大化的途徑有很多種，學習更多的知識、增加更豐富的閱歷等等，但是這些途徑都有一個共同的要素，就是需要你孜孜不倦的努力。沒有努力，一切目標都是白費，一切夢想都是空想，一切願望都會落空。只有努力，才能讓你實現自己的價值，不斷增加自己的價值。

有一家小公司被一家跨國集團併購後，公司新總裁就宣佈：公司不會隨意裁員，但如果員工的德語太差，以致無法和其他員工交流，那麼他就很有可能被裁掉。公司將透過一次考試來檢驗他們的德語能力。

當其他的員工都湧向圖書館，開始補習德語時，只有一位叫德魯克的員工和往常一樣沒有表現出緊張的神情。其他人認為他可能已經放棄這個職位了。但是當考試成績公佈後，德魯克的成績卻是最高的。主管根據成績外加上其他幾項考核，決定任命德魯克擔任集團公司的區總經理。

原來，德魯克自從大學畢業來到這家公司後，就瞭解到：跟別人相比，自己無論是在知識上還是在經驗上都沒有特別突出的地方。從那時起，他就開始透過各種形式的學習來實現自我提升。公司的工作雖然很忙，但是德魯克每天都堅持學習新的知識和技能。因為是在銷售部工作，他看到公司的德國客戶有很多，但自己不會德語，每次與客戶的往來郵件與合約都要公司的翻譯幫忙，有時翻譯不在或兼顧不了的時候，自己的工作就會受影響。雖然公司沒有明文規定要學德語，但是德魯克還是自發性地學起了德語。

對德魯克來說，公司被併購這樣的事情顯然不是他所能決定的。但是他能夠透過積極的學習，增加自己的技能，進而順利地適應了新任老闆的要求。

顯而易見，德魯克把自己的業餘時間用來學習，為自己的事業累積「資本」，終有一天，這些「資本」成為他事業前進的推動力。德魯克並不是最優秀的人，但他卻是肯努力的人，所以上天對他付出的汗水報以了豐厚的獎賞，讓他成了佼佼者。

有時候，光有努力是不夠的，那是傻幹、笨蛋做法。你還需要眼光和勇氣，你需要為自己樹立一個目標，一個不同凡響的目標。這樣你才能夠在努力的過程中看到未來的光明，讓自己奮鬥的不僅有方向，更有動力。如果你用無限的熱誠和精神去工作，你的上級自然也會對你的表現表示關注，那麼，機會就來了。

布林尼曾經聘任了一個專門替他閱讀、分類及回覆信件的年輕小姐為自己的助手，助手的工作就是聽布林尼口述，記錄信件的內容。布林尼給她的報酬和其他從事類似工作的人沒多大的區別。

有一天，布林尼口述了一句格言，並讓要她用打字機把它打下來。這句格言是：「注意，你的唯一的限制就是在你的腦海中為自己所設立的那個限制。」

但出乎意料的是，當那位小姐拿著打好的紙張交給布林尼時，她說：「你的格言使我產生了一個想法，對你我都很有價值。」

布林尼並未太在意這件事，然而這件事卻在那位小姐的腦中留下了非常深刻的印象。她開始在用完晚餐後，回到辦公室做一些完全不是她分內的事，而且也沒有要求額外的報酬。

她把布林尼的風格研究的非常清楚，每封信都回覆得和布林尼自己寫的一樣好；有時甚至比布林尼自己寫得更好，她還堅持每次都把回信送到布林尼的辦公桌上方便他查閱。

後來，布林尼的私人祕書因故不得不辭掉工作，布林尼在考慮找一個人來替補他的祕書時，他本能地想起了那位年輕的助手。其實在布林尼還沒有授給她這個職位之前，她就已經「接手」了這個職位，因為她已經用一個職業祕書的標準來要求自己了，而不僅僅只是個助理的標準。

然而，好運尚不只如此，因這位年輕的小姐的辦事效率實在是太高，很多有業務往來的公司都注意到了，有的公司為她提供了不錯的職位，並且附帶更高的薪水來聘任她。布林尼為了留住這位得力助手，不得不提高她的薪水，以至於這位年輕的小姐的薪水已經比原來高出了四倍。

這位小姐的身價現在非同以往，而實現這種增值的原動力就在於，她實現了自身能力的提升，成了老闆身邊不能失去的人。

不管你現在從事哪一種工作，每天你都要為自己尋找一個機會，讓你能夠在你的本職之外，做一些對別人有意義的事。在你主動做這些事時，你要明白，你的目的並不是為了獲得金錢，你做那些事只想瞭解更多、學到更多，當然也是為了讓自己更優秀一點。這種精神概括為三個字就是：進取心。而強烈的進取心是你在工作中成就事業、成為傑出人物的必不可少的一種品德。

總有一天，做著平凡工作的你，會憑著這不平凡的工作態度和超出常人的努力，獲得上級的肯定，那時候，你的價值就表現出來了，成功離你還會遠嗎？

曾經有人問李嘉誠的成功祕訣，李嘉誠的回答很明確：靠努力，不斷地努力！李嘉誠小時候是非常喜歡念書的人，成功後仍然繼續學習，儘量看新興科技、財經、政治等有關報導。每天堅持看英語電視，溫習英語。

李嘉誠從小就喜歡努力，到了香港後，他堅持半工半讀。父親死後，他做業務員時邊進修邊工作，賺錢養家，他曾深有體會地說：年輕時代在興趣的驅使下，如饑似渴的尋求新知識，事實證明當初學習的衝勁，對日後事業發展有極大幫助。李嘉誠自創辦塑膠企業，到投資房地產、投資股市、入主英資公司，也許有人說李嘉誠的成功在於幸運、在於機遇。但機遇偏愛有頭腦的人，正由於李嘉誠永不停步的努力，才使得他成為一個人人羨慕的香港超級富豪。

只要我們擁有美麗的目標，並堅持不懈為之努力，那麼就有可能從默默無名的小卒，變成閃耀的明星。價值的創造，全在你自己手中！

6. 專才比全才收益更多

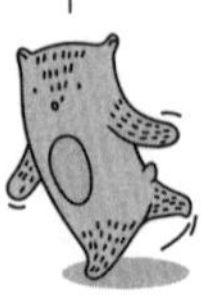

成功的祕訣無它，只有專心。許多人從事業之初就指望「全面發展」，結果到頭來一事無成；他們總是「眼觀六路，耳聽八方」，總是被別的事情所干擾，無法善始善終。

每個人都渴望成功，不甘平庸，既然選擇了自己的目標，就要心無旁騖，專心致志地投入其中。選擇了一條自己的路，就要認真地一路走好，只有這樣選擇了努力的態度，我們才能超越別人並且有所成就。否則，就只會像鼯鼠一樣，樣樣知道，樣樣不行，到頭來還是一事無成。

有一個年輕人想在一切方面都超越其他人，尤其是想成為一名大學問家。可是，許多年過去了，他在各方面表現都不錯，唯獨在學業上始終沒有太大的長進。他很苦惱，就請求一位大師指點迷津。聽完他的話，大師說：「我們一起登山吧，到了山頂你就知道該如何做了。」

那座山有許多玲瓏剔透的小石頭，每當見到喜歡的石頭，大師就要年輕人裝進袋子裡揹著。很快的，年輕人就吃不消了，可是山頂還遙不可及呢。於是，他停下腳步疑惑地問大師：

「大師，我為什麼要揹這個？再揹，別說到山頂，恐怕連動也不能動了。」

「是呀，那該怎麼辦呢？」大師微微一笑，「為什麼不放下呢？揹著這麼多石頭怎麼能登山呢？」大師意味深長地說道。

年輕人頓時明白了大師的意思，愉快地向大師道謝便走了。從此以後，他一心做學問，進步飛快……

人的時間和精力都是有限的，不可能面面俱到地做好每一件事。想要得到一切的人，最終可能什麼也不會得到。這位年輕人其實最想成為大學問家，只是沒辦法擺脫自己爭強好勝的心理，所以將自己的精力分散在許多領域。這樣一心多用，又豈能真正成就其夢想呢？不僅成功無望，可能連該學會的技能都沒學會，分心的壞處十分巨大。

專心致志是一個人能否有所成就的一個必要條件，因為人的精力是有限的，如果在做一件事的時候，被其他的事情干擾，不能集中精力，那麼可能會出現很多意想不到的錯誤，久而久之就會離自己的目標越來越遠。

弈秋是古代有名的棋手，有兩個人慕名而來，同時拜他為師。弈秋一心想把自己的棋藝傳授給他們，講課特別認真。一個學生專心致志地聽他講課。另一個學生表面上也在認真地聽課，而實際上思想很不集中。他看到大雁從窗外飛過，聯想到要吃天鵝肉……

弈秋講完課，就叫兩人對弈。學生應老師的要求，就對弈起來。開局不久，就見分曉：一個從容不迫地能攻能守，一個手忙腳亂地應付。弈秋一看，兩人的棋藝相差懸殊。他對棋藝差的學生說：「你們兩個人一起聽我講課，他能專心致志，而你呢，心不在焉。所以勝負自然分明。」

這就是很多人不能成功的原因，因為他們不夠專注，不夠專心。世上無難事，只要專心去學、去做，沒有克服不了的難關。相反，如果不肯用心，三心二意，那麼即使花再多的時間也不會有什麼成就。

成功者往往都是一個領域的專才，他們專注於自己的興趣，全力以赴孜孜不倦；他們專注於所想所愛，他們的心完全被自己從事的事業占據著；成功的人，不過是一生專注於一件事，哪怕是非常小的一件事，然後堅持不懈的將其做到極致。如果你能從現在開始，培養自己專注做事的精神，那麼成功之時並不久遠。

成功的人永遠都專心致志，因為他們所從事的事業之中，包含著他們一貫的興趣；因為他們所追求的，是一直以來的夢想。正因為專注，他們得以發揮自己最大的潛力；正因為專注，他們可以排除外界的一切干擾；正因為專注，他們擁有了克服一切困難的力量。

成功者如凸透鏡，將所有的光亮都聚焦於一點，於是擁有了燃火的力量；而失敗者只會將一切都變得分散，結果自然一事無成。像凸透鏡一樣匯聚所有的力量，專心地向成功邁進吧，只有專才，才能獲得成功！

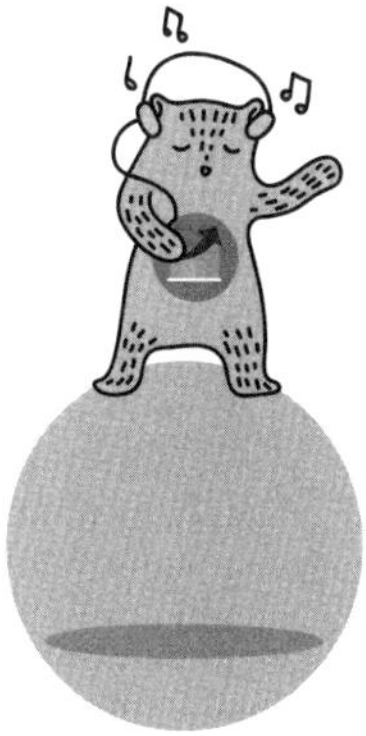

Chapter 5

理財中的經濟學

理財這個字眼在當今的社會中可是很熱門的，報紙上、網路上到處充斥著理財的方法、原理和實例。各種理財節目、理財書刊、論壇、培訓等等猶如雨後春筍冒了出來。但究竟什麼才是理財，該怎麼去理財？理財是每個人的事情，你不理財，財不理你，這真是一個不折不扣的經濟學問題！

1. 一生理財，理一生之財

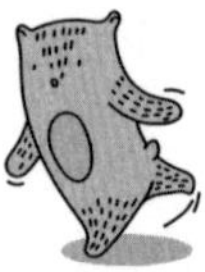

理財是一生都要做的工作，也是為一生而做的工作。經濟中有一個最基本的概念，就是跨時期分配資源，對於錢來說，表現得最明顯不過了。年輕時你錢賺多了，自然就會存下來一部分，等到老了不能工作的時候，再靠這筆累積下來的錢來養老。所以，理財是要針對一輩子，而不應該只看眼下。

經濟學中有一個著名的生命週期假說，是美國學者莫迪利安尼提出的，認為理性的消費者要根據一生的收入來安排自己的消費與儲蓄，使一生的收入與消費相等。生命週期假說將人的一生分為年輕時期、中年時期和老年時期三個階段。年輕和中年時期階段，老年時期是退休以後的階段。每個人都有不同的人生，但是每個人都有一樣的生命週期，生命週期是按照年齡的不同來劃分的幾個階段，分別顯示了人在不同階段的特點。每個階段對財務的需求也是不同的，根據不同的需求來進行理財。這就是極受世人關注的生命週期理財規劃理論。

一般來說，在年輕時期，家庭收入低，但因為未來收入會增加，因此，在這個階段，往往會把家庭收入的絕大部分用於消費，有時甚至舉債消費，導致消費大於收入。這個成長期一般指從出生到二十歲左右，其重點是受教育和學習與就業相關的知識和技能，在財力方面主要依靠父母或其他來源。

在這個階段，就需要適當注意節制消費，儘量不要超出自己的經濟承受能力。也可以適當使用信用卡，避免出現資金斷流。還可以考慮適當做兼職，增加一些收入。不過，在成長期的首要問題不是賺錢，也不是理財，重要的是培養日後的實力。

隨著年齡的增長，收入會增加，但是隨著組建家庭、新生命的誕生等等，消費也會隨之上升，還要注意把一部分收入儲蓄起來用於防老。這個階段其實還可以細分為兩部分：

其一是成家立業期，這是指大概從二十五歲到四十歲這個年齡段的人，這個階段的人主要的開支在結婚與家庭上，開支變大，要考慮買房、買車、籌辦婚禮等問題，在孩子身上的花銷也是主要部分，開支大大增加。

其二是收成期，指四十至六十歲之間，這期間收入漸增，地位漸高，子女慢慢長大成人，也是為退休做財務準備的階段。

我們舉個例子來看：

有這樣一對夫婦，陳先生，二十六歲，高科技公司職員，稅前月收入四萬元。每年獎金紅利至少三個月薪資，未來薪資成長率可達五%。劉女士，二十四歲，貿易公司祕書，稅前月收入三萬元。每年獎金約兩個月工資，薪資成長率約三%。

做理財規劃的時候，先要列出家庭的資產負債表，做到心中有數。然後分門別類的加以計算。

比如，對於家庭來說，保障支出是必不可少的，假設夫婦二人分別購買保險，每份保險的費用大約為每年兩萬元。兩人購買房子需要歸還貸款，房貸每個月需支付三萬元。等到他們的孩子出生後，需要將孩子上學及其他的撫養成本按年折算一下現值，相當於一次性支出一百五十萬。夫妻倆還需要做好退休的準備，假設為退休後三十年做好準備，將每年所需的生活費折現到退休的時點後再按年金法平攤到每一個月，相當於每個月要存一萬塊錢。

此外，家庭的全部資產不能夠都放在銀行裡，那樣的收益太低了，需要將其中一部分用於投資以獲得更高的收益。

由於夫婦倆比較年輕，暫時屬於時下流行的「月光一族」，依照目前的年齡與資金狀況，建議目前資產配置為：寶寶出生前五年以流動性儲蓄為主，少量配置高收益型資產；可以主要購買貨幣加強型基金，以及少量購買股票等，並且需要每隔五年調整一次投資規劃，使資產增值。寶寶出生後的投資可以以積極增長型為主。

有了這幾個方面的考慮，夫婦兩人基本就是為一生做好了準備，再加上一些臨時的旅遊等活動，還有意想不到的開支，這份規劃大體上是符合一生理財的要求的。

綜合來看，壯年期的理財目標的核心就是：開源節流，保值增值，未雨綢繆。要綜合運用各種方式，即確保家庭的正常開支有保障，又要為未來做好各種準備。

退休後就進入了休養期，指退出工作、安享晚年的階段。

處於這個階段的老年家庭，其財務問題主要是如何妥善運用手中的退休金和前期積蓄。這時候的人均壽命以女性而言是八十四歲，而退休期幾乎占了人整個壽命的三分之一，在這段時期的收入近乎零，故我們要「食老本」，一切開支是靠自己累積的財富及政府提供的基本社會保障，所以及早安排退休生活是愈早愈好，這個時候的理財目標是：養老、旅遊、為子孫遺留財富。

這個時期的人的風險偏好是風險承受能力差，期望獲取穩定的收益。由於年富力強的時候已經累積下一定的財富，可以適當考慮儘量進行穩健性的投資，輔之以積極性的投資，並購買一些保險。

老年理財採用保險的形式相對較少，一部分原因是保險公司針對老年人的險種少一些。更主要是認識不足，大多數人認為老年人買保險費率相對較高，不划算。我們需要從老年人保險的功用來看。老年保險主要的功用就是，起到資產管理及合理分配的效果，保證在每一年都有合理的錢使用，不是最多，而是合理。

有人做過一個調查，一個人六十歲退休，假設正好再活二十年，給出兩個養老方案選擇，除此之外不能獲得任何生活來源。第一個方案，每月用三千元，一共給足二十年，共七十二萬元。

第二種方案，每月四千元，給其十六年，共七十六萬八千元，雖然第二種方案多給了四萬八千元，但最後四年沒費用，沒有一個人選擇第二套方案，即使再多給十四萬四千元，只是最後一年沒費用，人們也不願意選擇第二方案。

此外，還應把普通醫療及大病的費用與養老金做區分，看似要付出較大的代價來應付醫療，其實不然，可以避免因為疾病占用養老費用。現實生活中，影響養老品質的往往不是生活費用，而是醫療費用，當我們有一個詳盡的規劃，生活品質會大大提高。

綜上所述，要圓一個美滿的人生夢，除了要有一個好的人生目標規劃外，也要懂得如何應對各個人生不同階段的生活所需，而將財務做適當計劃及管理就更顯其必要。因此，既然理財是一輩子的事，何不及早認清人生各階段的責任及需求，訂定符合自己的生涯理財規劃呢？根據不同時期的需求和實際的情況，採取不同的理財方案，得到最穩妥的收入。

以上我們瞭解了不同階段的收入和消費特點，以及應該採用什麼樣的策略理財。總而言之，合理家庭理財的全盤規劃，必須將生命週期中的不同階段突顯出來，以滿足家庭不同生活階段的具體需要和整體要求。如果你是一個理財高手，就能一生高枕無憂。

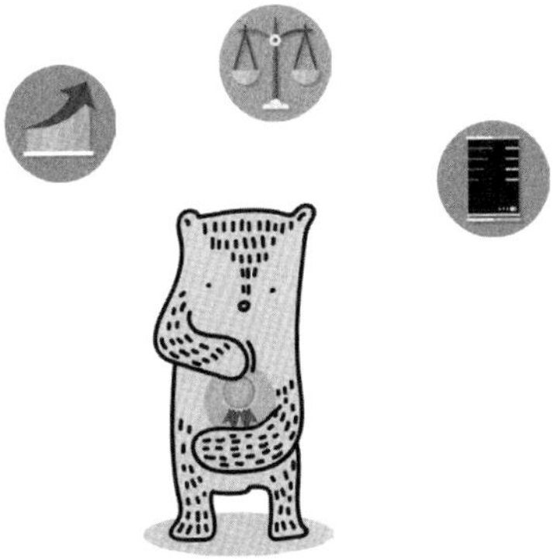

2. 資產負債，盤點要清晰

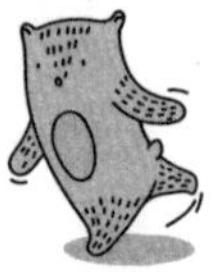

你有多少債務？你現在有多少淨資產？你每週的開銷合理嗎？這些問題你是不是說不出來？還是只知道個大概？

連自己的資產負債情況都不能確切地知道，又怎麼去給自己制定理財規劃呢？沒有確切的財產資訊，你怎麼知道自己能不能夠拿出那麼多錢來投資呢？

要解決這些問題只有一個辦法，制定個人或者家庭的資產負債表和收支表，定時做好這兩項工作，隨時掌控自己的財產狀況，瞭解自己的收支情況，控制不合理消費，減少不必要開支。

資產負債表描述了一個家庭的財務狀況，正如同我們拿一台相機在高速行進的車輛中按下快門，只不過這裡的「車輛」是資金流。

我們得到一幅靜態的畫面，它只描述了當時的狀況，即資訊具有時效性。如果一個人或者一個家庭連自己的家產有多少都是模糊的概念，他怎麼去理財？

不要以為說得很嚴重，但其實真的有很多人不知道自己的家產具體有多少。因此每個人都要好好學習資產負債表。財務報表的好處就是能讓你對財務的支出，收入等都一目了然，條理清晰。所以我們也要學會把報表製作應用到個人或者家庭上來。

對於家庭和個人來說，資產主要包括以下幾個方面：

如按財產的流動性分類：固定資產、流動資產。固定資產是指住房、汽車、物品等實物類資產；流動資產就是指現金、存款、證券、基金以及投資收益形成的利潤等。所謂流動，是指可以適時應付緊急支付或投資機會的能力，或者簡單地說就是變現的能力。其中固定資產以可分成投資類固定資產、消費類固定資產。如房地產投資、黃金珠寶等可產生收益的實物；消費類固定資產是家庭生活所必須的生活用品，它們的主要目標就是供您家庭成員使用，一般不會產生收益（而且只能折舊貶值），如自用住房、汽車、服裝、電腦等。

也可按資產的屬性分類：金融資產（財務資產）、實物資產、無形資產等。金融資產包括流動性資產和投資性資產，實物資產就是住房、汽車、傢俱、電腦、收藏等。無形資產就是專利、商標、版權等知識產權。

現在通用的家庭財務軟體中的分類方法，資產分類如下：

1. 現金及活期存款（現金、活期存摺、信用卡、個人支票等）
2. 定期存款（本外幣存單）
3. 投資資產（股票、基金、外匯、債券、房地產、其他投資）

4. 實物資產（家居物品、住房、汽車）
5. 債權資產（債權、信託、委託貸款等）
6. 保險資產（社保中各基本保險、其他商業保險）

以上就是資產的概要。把這幾項理清了，你就大概瞭解自己「值錢文錢」了，知道自己究竟有多少錢，這樣才能決定消費、儲蓄和投資。

負債就是指家庭的借貸資金，包括所有家庭成員欠非家庭成員的所有債務、銀行貸款、應付帳單等。

負債根據到期時間長度分為短期負債（流動負債）和長期負債。區分標準到底是多長一般各有各的分法。可以把一個月內到期的負債認為是短期負債，一個月以上或很多年內每個月要支付的負債認為是長期負債，如貸款的每月還貸就是長期負債。

另一種分法是以一年為限，一年內到期的負債為短期負債，一年以上的負債為長期負債。

實際上，具體區分流動負債和長期負債可以根據您自己的財務週期（付款週期）自行確定，如可以是以週、月、每兩月、季、年等不同週期來區分。家庭負債也可按負債的內容種類分類。家庭通用財務軟體就是按以下方式分類，具體如下：

1. 貸款（住房貸款、汽車貸款、教育貸款、消費貸款等各種銀行貸款）
2. 債務（債務、應付帳款）
3. 稅務（個人所得稅、遺產稅、營業稅等所有應納稅額）
4. 應付款（短期應付帳單，如應付房租、水電、應付利息等）

弄清楚這些內容之後，不妨列一個表格，讓你對自己的資產負債情況一目了然，這就是會計中常用的資產負債表。

好了，現在你對自己擁有什麼、欠著什麼都清楚了，接下來的事情就是將製作資產負債表變成習慣，按週、按月、按季度理清自己的財產狀況，做到完全了解，並定期分析自己的資產負債對什麼最敏感。經濟活動總是變化的，如果你不能及時跟著做出反應，必將遭受損失。

分析家庭資產負債中什麼因素最敏感，其實很簡單，無非就是以下幾方面，大部分都是受金融市場變化的影響：

✍利率敏感度分析

利率敏感部位等於貸款減存款減債券投資額

當升息趨勢明顯時，存款應儘量選擇浮動利率或短期存款，貸款應儘早償還；當降息趨勢明顯時，存款應儘量選擇長期固定利率。

✍存款利率到期結構分析

考慮到銀行存款以固定利率為主。固定利率條件下，總存款收益率在降息時降得比浮動利率慢，升息時選短期存款；降息時存長期存款。

✍匯率敏感度分析

匯率敏感部位等於外匯資產減外匯負債

股市走勢模擬分析

針對股市未來情況預先推演，判斷投資收益情況。

資產負債及其敏感性分析是家庭理財的必做功課，只有理清頭緒，才能從容地進行其他經濟活動。不要偷懶，現在就來編制資產負債表吧。

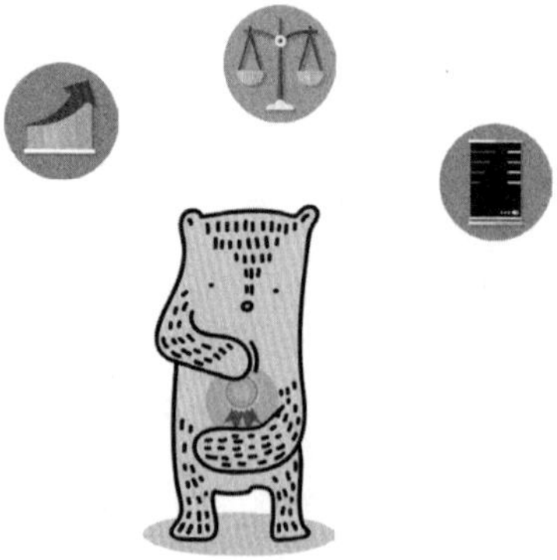

3. 收入支出，心中要有數

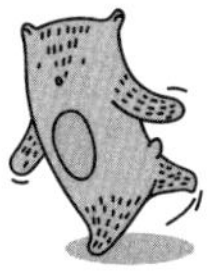

有些費用是必要的，有些是不必要的

瞭解了資產負債情況還是遠遠不夠的，資產負債是靜態的資料，是一個時點的資料，但是生活不是靜止的，因此我們還需要知道錢是怎麼流轉的，這就涉及家庭的收入和支出。因此，記錄家庭在一定時期內都有何收入、有何支出，是十分必要的。

收入是賺錢，支出是花錢。理財首先要瞭解自己家庭每月的收入有多少，更重要的是要瞭解支出情況，要瞭解錢是怎麼花的？哪些是必須花的？

哪些是可花可不花的？做到心中有數。這就要學會記帳，因為家庭理財是從記帳開始的。只有把家庭的收入和支出盡可能真實的記下來，才能便於自己或理財師幫助你進行較真實、科學的理財分析，找出存在的問題，制訂理財規劃方案，有效地進行家庭理財。

「家庭月收支表」也可稱為「家庭月損益表」，由於使用的記帳方法是現金收付制而不是權責發生制，因此「家庭月收支表」（損益表）實際上也就是現金流量表。這張表反映的是上一個月內家庭收入、支出及餘額的財務狀況。收入比較簡單，一般有三種形式；工資收入、兼職收入和投資收入。支出比較複雜，分可控支出和不可控支出兩大類。

家庭收入

家庭收入是指整個家庭剔除所有稅款和費用後的可自由支配的純所得。

對普通家庭來說，家庭收入一般包括以下項目：

工作所得（全家所有成員的工資、獎金、補助、福利、紅利等）；

經營所得（自有產業的淨收益，如生意、佣金、店鋪等）；

各種利息（存款、放貸、其他利息）；

投資收益（租金、分紅、資本收益、其他投資等）；

偶然所得（中獎、禮金等）；

針對不同的家庭，其收入項目可能是不一樣的。但理清家庭收入的所有項目、並編排出適合自己家庭的收入類目，是家庭記帳的基礎。

家庭支出

家庭支出是指全家所有的現金支付。

家庭支出相對家庭收入來說要繁雜得多。如果家庭沒有詳細的記帳記錄，可能大部分家庭都不一定能完全了解自己的支出狀況。要羅列所有家庭的開支項目確實比較困難，但針對普通家庭來說，我們可能歸類為以下幾種：

日常開支：每天、每週或每月生活中重複的必須開支。一般包括飲食、服飾、房租水電、交通、通訊、贍養、納稅、維修等。這些支出項目是家庭生活所必需的，一般為不可自行決定的開支。

投資支出：為了資產增值目的所投入的各種資金支出。如儲蓄、保險、債券、股票、基金、外匯、房地產等各種投資項目的投入。

奢侈消費：學費、培訓費、休閒、保健、旅遊等。這些是休閒享受型支出，並不是家庭生活所必需的，一般為可自行決定的開支。

實際上，每個家庭都有自己不同的支出分類。原則上只要把您的支出分類清晰，便於瞭解資金流動狀況即可。

一般來說，收支表可以有兩種，一種是日支出表和月收支表，這兩種表看似簡單，其實很難做，主要是因為很難堅持記錄每一筆收入和支出。但是如果有這個習慣非常好，我們都應該做一個個人或者家庭的收支表，看看究竟錢用到哪裡去。還有一個最重要的是第二點——支出。很多人覺得這個費用是我必須的，但是你真正要問自己一句，這個費用是不是對於你來說是必要的，還是說根本是不需要的。娛樂是不是必要的？買汽車的費用是不是必要的？自己要衡量一下。理財不是說你一定要在生活上怎麼樣節儉或者省多少錢，而是說找適合你自己的生活，在適合你自己的喜好之下，理性消費。

4. 開拓源泉，生財要有道

不要忘記了自己還存在著，只要存在著就是一種財富的擁有

錢財就像是流水，流到你的手中，又會流出去。如果你只會花錢不會賺錢、只會消費不會賺錢，那麼勢必就會成為一個窮光蛋。理財的第一要訣就在於要善於開源，最起碼要讓自己有財可理。那麼，怎麼去創造財富呢？其實你還不知道，最大的財富在你自己身上。

有一位年輕人時常對自己的貧困不滿，他在每一天裡總是為自己不能擁有千萬的財富而發著牢騷，既怨恨父母沒有創造出巨大的基業留給他，也怨恨自己沒有機會讓自己過上富裕的生活，常常怨天尤人，自暴自棄。

智慧老人實在看不過去了，於是走上前去質問那位年輕人：「上帝和你的父母已經給了你一切，你也已經擁有了豐厚的財富，為什麼還要發牢騷？」

「我有豐富的財富，在哪裡？」年輕人有點疑惑不解，急切地問智慧老人。「你那雙明亮的眼睛，賣給我吧，給你一千萬。」老人這樣說道。「不，雙目我不能失去。」年輕人急忙回絕。「好，那麼就將你的一雙手賣給我吧，一雙手價值至少值一千萬。我給你一千五百萬，你這就將雙手斬下來給我。」老人又說。「手我不能失去。」年輕人又回絕道。

「既然有一雙眼睛，你就可以去學習，既然你有一雙手，你就可以去勞動，現在你看到了吧，加上雙腿和其他的，大概值五千萬吧。怎麼能說自己是貧窮的呢？」老人微笑著說。年輕人頓然大悟。回去以後再沒有去抱怨生活了，他努力的學習和工作，把握了機遇，終於創造了千萬的財富。

人往往意識不到自己的重要性，在怨天尤人的時候，不要忘記了自己還存在著，只要存在著就是一種財富的擁有，財富就在我們每個人的心裡，只要發揮出我們的潛力，就會創造奇蹟。

其實，這些屬於我們自己的財富在經濟學中有一個專有的名詞，叫做人力資本。那麼，怎麼才能發揮自己的能力，讓它變成真正的財富呢？勤奮，無疑是最好的方法之一。

辛勤工作是創造運氣和財富的真正祕訣，這個祕訣對任何人都簡單有效，無一例外。堅持這個信念既能解救自己於苦難之中，更能成就自己的精彩人生。與其能夠繼承富有前輩的財產饋贈，不如傳承他們辛勤工作的精神品質和啟示。這樣，你最終就能和他們一樣富有、榮耀並令人敬重。更多的時候，我們光看到那些富人們成功後風光得意的光芒，卻看不到光芒背後他們所付出的辛勤汗水。財富和成功從來都不是來得如此容易，我們要想成為富人，就應該學習富人們的勤奮精神，奮鬥不止。

有著「塑膠大王」之稱的王永慶，是憑個人奮鬥走向商業成功的典型代表，被譽為臺灣的「經營之神」。

王永慶白手起家，經過幾十年的奮鬥成為企業界的典範，被譽為「經營之神」。他與李嘉誠、陳必新被並稱為世界華人最著名的「三大財富」。

王永慶從小輟學，他從學徒工做起，十六歲時就賺夠了資金開了一家米店，靠勤奮和努力奠定了自己經營之路。在獲得了第一桶金之後，一九五四年他籌資創辦了台塑公司，從此事業開始蒸蒸日上，發展成了擁有一百多家企業、四個上市公司的台塑王國。不僅成為臺灣最大的企業，在世界的石化業也首屈一指。

王永慶常說：「要常常警惕自己，稍一鬆懈就導致衰退，經常要有富不過三代的警覺。」「一勤天下無難事」。王永慶的這句話貫穿了他整個奮鬥的人生。

當二〇〇六年這位九十多歲的老人終於對工作感到力不從心，想將接力棒傳遞到下一個人手中的時候，很多人都為他的歸隱感到惋惜，一個時代又落下了帷幕，這個名字象徵著傳奇和無數的勤奮故事。

由於事業上的傑出成就，因此每當人們談到「王永慶」三個字，腦海中浮現的是企業鉅子的傳奇形象，聯想到的首先是「財富」與「企業經營管理」之間的問題。人們把焦點集中在他的「致富」和「成功之道」上，「王永慶」三個字，似乎除了名詞之外，也是形容詞，和白手起家、勤奮堅毅、合理化經營管理結下不解之緣。

很多的時候決定你是窮人還是富人並不取決於你的先天條件多好，智商多高，而是取決於你的後天努力，後天的勤奮程度。越努力，財源就越廣。有時候，光憑出力氣蠻幹，一輩子就算溫飽不愁，但是還是發不了大財。眼光不僅是創造財富的源頭，更是掌握財富的鑰匙，在知識化和資訊化的時代，人類的生存和競爭主要依靠的是眼光。

眼光是知識、創意和膽略的結晶。這裡的知識不單純是學院裡的專業知識，它主要是一種活生生的社會知識，一種創造性的經營智慧。

一個人想要有錢，絕對不能只是躺在床上不動彈的，你見過哪個真正的懶人成就了一番大事業，得到了傲人的財富？沒有，即使你有一個富可敵國的親屬，我相信他也不願意看見自己辛苦賺來的錢留給一個懶人。你要動動腦筋，自己去開拓滾滾財源，這樣才能保證自己永遠擁有源源活水。

5. 適當節流，消費要有度

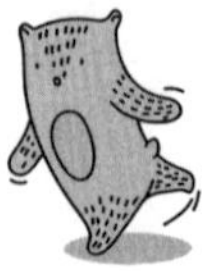

俗話說「開源節流」，只有開源是不行的，我們在用盡各種方法開源的基礎上，也不能忘記了最基本的美德——節約。當你收入不敷支出時，一定要先降低生活費用，千萬不要在未節流前就想開源。

擁有大量資產的王永慶，生活非常儉樸，他從不在意衣服的新舊和款式，只要大方整潔就好；他還說長途電話費太貴，除了生意上的必要聯繫外，他不喜歡子女們沒事打電話閒聊，而是常常給子女們寫信噓寒問暖。他在生活上的儉樸與在工作上的勤奮一樣知名，在企業界人士中無人能及，也令人無比欽佩。

在現實生活中，我們大多看重的是財富的創造，對於節儉似乎注意不夠，有時甚至認為這是小家子氣。殊不知，節儉也是理財的一部分。學會了節儉每一分不必花費的錢，你也就學會了對財富的運用和創造。節省不是吝嗇，節省也不是小氣。賺錢要依賴別人，節省只取決於自己。勤儉是持家之道，同樣勤儉也是管理企業的精髓。

企業不景氣時，一定要先想法降低成本，保住命脈再圖發展，至於開源，除了等景氣好轉、營收會自然增加之外，必須靠長期的規劃及研究發展，這種體質的改善是長期性及持續性的，如果企業在財務不好時，不先思考降低費用，反而病急亂投醫，什麼生意都做，不僅容易出亂子，最大的後遺症是做了非本業專長的生意之後，可能因此壞了商譽，最可惜的是將公司的寶貴資源運用在無助於公司長期發展的用途上，等景氣轉好時反而競爭力不如別人了。美國汽車大王亨利·福特就是很懂得節省之道、很會「花錢」的管理者。

在創業之初，福特與一家配件商訂購一批汽車零配件，價格質量談好之後，福特要求對方用木箱對零售配件進行包裝，以減少零配件在運輸裝卸中的損壞，並把包裝規格詳細告訴了對方。令配件商意想不到的是，福特包裝規格十分嚴格，木板箱的尺寸及厚度都有嚴格的規定。配件商雖然有些不滿，但為了長期和福特做生意，他們只好按要求一一照做了。

貨物送到以後，福特要求員工把包裝箱輕輕拆開，不許弄壞任何一塊木板，拆下來的木板立即送到新建的辦公樓。原來，這批木板是用來裝飾新樓地面的，所有的包裝箱上的木板的尺寸和厚度，都是按地木板的尺寸厚度而設計的，這些木板為福特節約了近十萬美元的費用。也許有人會認為，包裝箱不過是廢品罷了，充其量賣給資源回收，沒想到福特竟然想出了這樣絕妙的辦法，節省了企業的開支。福特的精明，真的令人拍案叫絕。

節約之道在於，假如你賺了一萬元，節約了一萬元，那麼你就擁有了兩萬元。節約是一種精神，如果企業能夠嚴格按照節約之道來經營，嚴格控制成本費用，避免不必要的開支，那麼還愁不能發展壯大嗎？賺錢是能力的表現，而花錢則是一種智慧。擁有節儉意識的商人，才是最明智的企業家。

個人理財也是如此，當收入不敷支出時，一定要降低生活費用。以前老祖宗強調的固有美德——節儉，隨著現代人消費習慣的改變，「舊的不去，新的不來」已取代了「愈老愈好用」的觀念，加上媒體上誘人的廣告，唾手可得的銀行貸款，讓人消費得不亦樂乎。但是你是否知道，你的幸福會隨著消費寸寸侵蝕？當我們不再節儉時，很多問題將接踵而至。如果薪水不夠付帳單，你的心情可想而知，當債務超過收入所能負擔的情況時，如果沒有人幫你解決債務，除了宣佈破產之外，不會有第二條路可走，所以避免陷入債務困境永遠是最佳策略。當你成為「卡奴」時，肯定就沒有刷卡時那麼瀟灑了！所以一定要警惕商家設下的消費陷阱，別讓自己債務纏身。

除去大筆的開支需要慎重之外，生活中無處不在的小錢也是需要留意的。積少成多，這裡一百元、那裡一百元，如果你都不在意，累積起來的數量就很可觀了。節省，就可以在這些「小錢」上下功夫，打打小錢的主意。

曾經看過這樣一個人的故事，他沒有創業資金，於是他特別的節約，他把自己的家用冰箱、空調之類的插頭全都拔掉，不管外人的異樣眼光。幾年後，他的節約就很有效果了，他累積了最初的資本，買下了一個農場，繼而開始慢慢賺了更多的錢。不要以為節約的那一點小錢沒有作用。積少成多的例子舉不勝舉。

「小錢往往是一般人在理財時容易忽略的，你也許從來沒想過它的價值，其實，這是許多人理財的盲點。」一位先生給自己算過一筆帳，以前他經常因為晚起床，怕上班遲到而坐計程車到公司，這樣每月平均就會多支出兩千元交通費，一年就是兩萬四千元，看似不多，但是從二十五歲算到六十歲，以年利率五%的複利計算，就是兩百二十八萬元。

當然我們說的節約並不是要你勒緊褲腰帶，整天穿得破破爛爛，這樣的生活當然是不可取的，節約只是要你花該花的錢，節省不必要的開銷，在不降低生活質量的同時減少花費。

不僅是普通人，連很多的富翁都是節約的高手，比如上文我們提到過的王永慶。節流，也是沒有硝煙的戰場。將軍的才能是如何指揮戰士打敗敵人，所以，每一分錢都是絕對受你調遣的「戰士」，如果你沒有將軍般的才能，那你的「戰士」就會白白地去「犧牲」。每位成功的富翁，他們都是理財的高手，同時也是節儉的專家。

要重視每一分錢，學會節約，你的資源是很有限的，如果不知道節約，那你就會把很多該賺下的錢都揮霍掉了。相對於賺錢來說，我們或許更應該學會節省。即使身價倍增，也要記得一絲一毫來之不易。一個人只有當他用好了他的每一分錢，才能做到事業有成，生活幸福。

6. 分散投資，多找幾個籃子

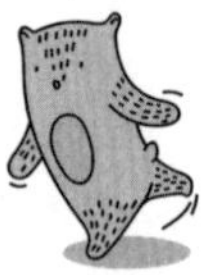

金錢是流動的，將其投入到經濟生活的各方面，就可以在流轉中創造更多的財富。錢財能散能聚，尋找好的投資途徑讓其增值，才是最佳的愛財之道。金錢是工具，幫助自己實現財富夢想和事業成就，關鍵就看你怎麼讓「死錢」變「活錢」，讓錢生出更多的錢來。

投資的首要舉措就是，把你的錢從銀行裡取出來，不要讓它躺在那裡。對於存銀行，不同的人有著不同的選擇。有的人是求安全，認為銀行絕不會倒閉，自己的錢絕不會消失，所以可以放心大膽的睡懶覺去；有的人是求穩定，認為存款有利息，自己也可以當個「食利階層」，過上舒服的日子；有的人是沒膽量，投資總是有風險的，萬一收不回成本那就吃虧了，所以他們寧願放棄巨大的未來利益，而僅僅守住眼前的利益；有的人是感嘆沒機遇，怎麼才能找到高回報的投資機會？其實商機就在生活的每一個角落，就看你是否有敏銳的眼光去發掘、去開創。

錢放在銀行裡絕不會讓你發大財，充其量吃點利息，還不一定能抵禦通貨膨脹的侵蝕。聰明人從來不將錢放在銀行裡睡大覺，他們會將錢放在有用的地方，放在能生錢的地方，這樣，財富才會越來越多，事業才會越來越廣闊。

不要讓我們的生活成為一個單純的保險箱，只知道把錢放進去，卻什麼也拿不出來。多想想如何讓金錢為自己工作，不要讓它們待在銀行裡慢慢貶值。你不「理」財，財不「理」你。快快動動腦筋，讓錢財滾滾而來，事業蒸蒸日上。目前，理財的方式有如下幾種：

首先，債券是一種非常好的投資工具。它的收益固定，且風險較低，如果你不想在股市中經受驚濤駭浪，又不想讓錢待在銀行「不動如山」，那麼投資債券是一種非常好的選擇。

投資者只要計算清楚債券當時的年收益率是多少，與銀行保底收益率相比較就能大致判斷出何時可入市，既可以一路持有到兌付期，也可以在到達合適的心理價位時拋出，獲利後落「袋」為安。有了它們作為保障，無論你遇到什麼風險都不必擔心摔斷筋骨，因為債券是你最舒適的安全氣囊。

其次，股票是機會最多的投資手段，也是最難捕捉、風險最大的理財手段。股市瞬息萬變，它的暴利讓無數的人在其中成就了一夜致富的神話，也讓無數人傾家蕩產家破人亡。股票的漲落最為驚心動魄，起伏之間，也影響著無數家庭的幸福。股票可以帶來高回報，但是前提是你對股市有足夠的瞭解，能夠做出正確的選擇，最重要的，你必須能夠承受風險。

現在對股票知識有很好瞭解的人並不多，很多人只想著跟著別人進去撈一杯羹，殊不知任何盲目的行動都是錯誤的，都是經不住考驗的。想要在這個容易賺錢但是也容易賠得傾家蕩產的市場裡面遊刃有餘，必須要瞭解一些股票的常識問題。著名的巴菲特先生認為價值投資需遵循五大原則：

✍競爭優勢原則

好公司才有好股票，那些業務清晰易懂，業績持續優秀並且由一批能力非凡的、能夠為股東利益著想的管理層經營的大公司是值得我們投資的公司。

✍現金流量原則

價值評估既是藝術，又是科學，即使是好公司也要有好價格才值得買入，那麼什麼價格才算好呢?這就要進行縝密的研判，盲目地買入一家公司的股票是噩夢的開始。

✍市場先生原則

市場中的價值規律短期經常無效但長期趨於有效，在短線左右價格的因素很多，比如市場人氣的影響等等，主力往往借助製造有利於自己的市場氛圍來達到自己的目的。那麼作為價值投資者就要有看穿這種迷霧的真知灼見。

安全邊際原則

安全邊際就是「買保險」，保險越多，虧損的可能性越小；安全邊際就是「猛砍價」，買價越低，盈利可能性越大；安全邊際就是「釣大魚」，人越少，釣大魚的可能性越高。

長期持有原則

長期持有就是龜兔賽跑，長期內複利可以戰勝一切。這是股神巴菲特的經驗，當我們在股市沉浮的時候，最好多借鑑這些經驗，多學習股票的知識。股票投資可以說是一種金錢遊戲，考驗的是人的智慧，而不是運氣，很少有憑藉運氣永遠賺錢，除非你賺一筆從此不再炒股，那你才是常勝將軍，否則如果你沒有扎實的投資智慧，你的錢還是會送回股市，能在股市中賺錢的只有少數部分人！所以要玩好這個遊戲，一定要熟練掌握這個遊戲規則，按著遊戲規則來辦事情才能不提前出局。

第三，投資於基金，風險較高，但可以做定期定額投資，降低風險。基金最大的優勢就是專家理財，具有規模優勢。管理基金的人都是專業人士，他們在資本市場上有著豐富的經歷，由他們來代替你管理投資，無疑是一個非常放心的選擇。並且，由於個人的資金總是有限的，買賣股票的成本很高，但是基金的交易額很大，一般都能降低交易成本。基金也有很多的種類，有專門投資於債券的，有專門投資於股票的，有專門投資於貨幣市場的，也有混合型的，就看你的風險承受能力和偏好了。

基金的投資方式有兩種，單筆投資和定期定額。定期定額的方式，類似於銀行儲蓄的「零存整取」，程式非常簡便。客戶只需一開始與銀行約定一段時期（一般為一個月）內某一固定的日期，投入固定的金額申購開放式基金即可，可以申購同一支開放式基金，也可以投資一定的基金組合，申購費率在一．五％左右。每個月銀行將自動從其帳戶中取出這筆錢，來投資事先約定的基金。可見基金的操作簡單，自己費心的事情少，風險沒有股票那麼大，因此，很受懶人一族的歡迎。

除去這些常見的投資方式外，還有許多投資方式，豐富多彩。有的人投資於保險，像儲蓄一樣，在為你的生活未雨綢繆，防止未知的危險徹底顛覆你平靜的生活，給你提供一個緩衝的墊子，一道安全的屏障。

有的人投資於房地產，目前有一小部分中老年人採用房地產投資，但部分購買房地產不是投資，而是給自己孩子居住，如果因為買大房子占用太多的養老金或醫療金，一旦有問題發生，則會對家庭產生重大影響。

還可以做實業，投資建廠，投資開礦等等，那樣，錢財作為資本可以發揮作用的領域就更寬廣了，看看多少成功的企業家，不都是白手起家，一步步成長起來的嗎！

錢能生錢，錢能變錢，別讓你的錢在銀行裡睡大覺，快點投入到合適的領域中去，為自己投資一方事業的廣闊天地。理財投資的永恆話題就是「不要將所有的雞蛋放到同一個籃子裡」，銀行存款也好，債券也罷，股票也行，基金也好……總之，讓自己的財富放在幾個不同的籃子裡，這樣才會避免全軍覆沒的損失。

不要讓你現在「存銀行」的習慣繼續左右你的人生了。只要你主動，財富可以增值；只要你願意，命運可以改變。將你所擁有的一切都轉化為資本，這是你成為富人及成功者的可靠途徑。

7. 收益與風險是對孿生兄弟

理財是長期的行為。任何的投資理財都存在一定風險，只是大小的區別而已，一直以來大家都覺得把錢存在銀行裡是最保險的，因為會有利息的。其實，風險無處不在。各種存款、國家債券都有風險。只是由於風險太低，所以被忽視了。比如，在存入定期存款後，將無法享受到期間利率上漲的好處。風險總是和收益成正比的，只有承擔了一定風險的投資理財才可能獲得滿意的收益。

投資有風險，收益越高風險越大，但不投資也會有風險，通貨膨脹會造成風險，少賺也會有風險。所以不要害怕風險，重要的是一定要瞭解你投資的品種風險度有多大，只有瞭解了風險度才能有效規避風險。一談到風險，更多的人會把風險等同於損失，實際上這是一個認識上的錯誤。金融投資中的風險，就是一種不確定性，即每年的實際投資率相對於預期年收益率的上下波動程度，向上超出的收益和向下缺少的部分都是風險。因此，個人理財關鍵是學會控制風險。

一般來說，影響投資風險承受度的因素主要有以下幾種：

首先是年齡。投資界有一個著名的年齡法則，一個人的風險投資可以參考「一百減年齡」的原則，就是說用「一百減去目前年齡」，得出的結果就是你風險投資的最大比例。隨著年齡的增長，對風險的承受能力就越低。

事業剛起步者，未來的儲蓄多，表示可往下攤平的本錢多，因此可以承擔較高的風險。但是那些臨退休或者已經退休的人來說，基本就沒有多少往下平攤的本錢了，因此風險承擔能力低下，最好是選擇穩健的投資方法。

其次是家庭情況。一個人有了家庭，那麼他就要承擔一定的責任，要養活一家人，還要為兒女的教育基金做準備，還要為家庭的保險等等做準備。如果你的工作穩定，事業蒸蒸日上，收入一天比一天高，那麼你就可以大膽地進行投資，但是如果你面臨離職，或者只是打打臨工的類型，三天兩頭等著失業，那最好還是投資穩健一些比較好。如果你的家庭負擔重，例如家裡有個長期病重的老人，或者剛剛新婚，打算買房買車的，這個時候的投資如果太冒失，那是很危險的，這樣的人風險承受能力是不高的。

第三是自身的風險偏好及態度。一般來說，人的風險承受態度有幾種，那就是冒險型的、積極型的和穩健型的。怎麼理解這幾種人的區別呢？最著名的莫過於和信企業集團的辜振甫與辜濂松的故事，他們一個是集團會長，一個是信託董事長，辜振甫的長子——臺灣人壽總經理辜啟允非常瞭解他們，辜振甫屬於慢郎中型，而辜濂松屬於急驚風型。他說：「錢放進辜振甫的口袋就出不來了，但是放進辜濂松的口袋就會不見了。」因為辜振甫賺的錢都存到銀行，而辜濂松賺到的錢都拿出來投資。結果是，雖然兩個人年齡相差十七歲，但是侄子辜濂松的資產卻遙遙領先於其叔辜振甫。

將金錢投入經濟中，投資的途徑有多種選擇，收益不同，風險也不同，就看你自己是一個怎樣的投資者，想選擇什麼樣的方式。要是你從不買彩券，那麼你可能是一個風險厭惡者，你寧願選擇一些收益固定的投資方式；相反的，有些人可能就非常偏好風險，他們喜歡有刺激性的結果，為了追逐高收益，他們寧願承擔不名一文、傾家蕩產的風險；還有一些人，他們不像這兩者那樣極端，他們既可以適當承受風險獲得收益，也不願意鋌而走險孤注一擲。所以在準備好了錢進行投資之前，請先搞清楚自己究竟是哪一種人，這將直接涉及你選擇什麼樣的投資產品。

認清了風險受什麼因素影響、弄清了自己屬於哪一類風險類型的人之後，需要做的就是盡可能降低風險、提高收益了。理財的一個重要作用就是在既定的收益水平下儘量降低風險，或者在相同風險程度下儘量提高收益率，因此認清理財產品的風險，按照自身可接受的風險水平進行合理選擇是理財的關鍵。想要很好地理財，就要適當地學會怎麼降低風險，學會一些小技巧，給自己的投資以最小的風險帶來最大利潤。

首先是要增加專業知識。理財專業性很強，它涉及銀行、證券、保險、信託、基金、房產等眾多領域，理財不但需要具備廣泛、系統、專業的金融知識，而且需要通曉各種金融商品和投資工具，具備隨時掌握國際國內金融形勢的條件和綜合素質。

其次還要端正理財理念。家庭理財必須樹立科學的理念，做理智的投資人，做理性的投資人。要熟悉金融法規政策，增強自我保護意識。在投資前須將短期內必須償還的負債還清，如信用卡透支款項、消費性貸款等。投資不要盲目跟風，對已選定的投資產品組合要有正確的心理預期。不要受短期市場波動而做出較大的調整。

第三是要有識別風險能力。識別風險是進行風險預測和衡量的基礎和前提，只有關注影響理財的各種因素變化並加以評估，才能保證風險損失在沒有出現前就加以防範，即使真的出現了風險也能有效應付。

第四就是要做好長期投資的準備。風險補償一定是在一個相對長的時間內才會表現出來，要以長期投資心態來對待理財產品。一年兩年投資成功的行為不能算是一個很會理財的人，需要持續進行下去，讓它成為一種生活習慣，只有把時間拉長，才能看到明顯的效果。

風險與收益是經濟領域的孿生兄弟，任何時候你都不可能找到沒有風險、只有收益的投資對象，你只能儘量預測風險、避開高風險和不確定性，獲取盡可能高的收益。這是一個權衡，需要你有理性的分析和定見，還需要一定的專業知識。只要你下功夫，就一定能夠平平穩穩的獲得收益。

8. 選對保險，抵禦高風險

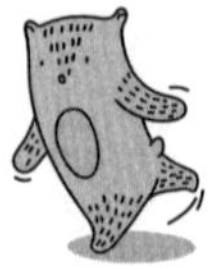

人們不知道自己是否會身患疾病、是否會發生交通事故、是否會意外死亡或殘疾，是會加薪抑或失去飯碗，每一件未知的事情都令人擔憂。總而言之，在人的一生中，將面臨幾個大風險，這些風險不可避免地會給人們帶來各種傷害。

我們總是面臨這些不可能消除的風險，也不可能預測到風險的存在。我們能做的就是風險的轉移，把它轉移到保險公司去，對保險進行管理，風險管理是指透過對風險的認識、衡量和分析，選擇最有效的方式，主動地、有目的地、有計劃地處理風險，以最小成本爭取獲得最大安全保證的管理方法。

在現在的市場，保險有很多種，大概分為兩大類，一個是投資性保險，另外一種就是我們的保險。主要來說，為以下幾種，意外傷害保險、醫療保險、養老保險、失業保險、機動車輛保險、投資連接保險、分紅保險、萬能保險……

✍意外傷害保險

意外傷害險，是指被保險人由於意外原因造成身體傷害或導致殘廢、死亡時，按照約定給付保險金的人身保險，通常包括喪失工作能力、喪失手足或失明、因傷致死及醫療費用等給付。

傷害必須是人體的傷害，人工裝置以代替人體功能的假肢、假眼、假牙等，不是人身天然軀體的組成部分，不能作為保險對象。

傷害必須是意外事故所致，是指外來劇烈偶然發生的事故。只有同時具備「外來」、「劇烈」、「偶然」三個條件，才能構成該合約的保險事故。

醫療保險

醫療保險是指被保險人在保險有效期間，因疾病所導致的各種醫療費用，或因疾病所致殘廢或死亡，保險公司依照合約的規定，給付賠償的一種保險。

人吃五穀雜糧，受到風吹日曬，難免就會生病，大大小小的疾病讓人痛苦不堪不說，還要支付巨額的費用，不是每個家庭都有那麼多錢可以臨時拿出來的。有醫療保險作為後盾，一切生活都可以安心許多。

養老保險

養老保險，說穿了就是在你到法定退休年齡後可以領到退休金的保險。為解決勞動者在達到國家規定的解除勞動義務的勞動年齡界限，或因年老喪失勞動能力退出勞動職位後的基本生活而建立的一種社會保險制度。據預測，十年後的台灣，每五人就有一人超過六十五歲，老年人口也會是幼年人口一倍，平均每三個工作人口，就要扶養一個老人。因此，養老保險必須引起大家的重視。

一般來說，當你和公司簽訂合約的時候，都要給你購買養老保險，這是法律性的東西。人不可能永遠不退休，當你退休在家的時候，只有靠養老保險才能經得住家庭的變化。

✍失業保險

失業保險是職工在暫時失去工作或轉換職業期間，沒有經濟收入，生活發生困難時，由政府提供物質幫助的一項社會福利制度。政府建立失業保險基金，並以稅收優惠的形式負擔部分費用，職工和用人單位按工資收入的不同比例，按月向社會保險經辦機構繳費，職工失業後，可持有關證明，向當地勞動就業機構申請領取政府的失業救濟金。

失業、離職，這些詞在今天已經不再陌生了，大學生畢業就意味著失業的事情也不是怪事了，因此在這樣的現實中，沒有一份失業保險作為後備，怎麼生活呢。

✍ 機動車輛險

小車已經是很多家庭都有的了，隨著生活質量的提高，需求也在提高，有些人家還不止一輛車。但是在這個樂觀數字的背後，要看到每年的車禍數量也在增加，為自己和車輛增加一個保障是刻不容緩的。

機動車輛保險由基本險和附加險組成。基本險包括：車輛損失險、第三者責任險、乘客座位責任險、駕駛座位責任險。

小康家庭要根據家庭的實際需求，選擇相應的險種，進而最大限度地保障車輛與家人的利益。以上都是屬於非投資的保險，當然這樣的保險還有很多，在這裡就不一個一個列舉了，風險是不可預測的，只能最大限度地預防卻不能杜絕，只有做好了保險方面的準備，才能讓損失降低到最小。

✍投資型保險

投資型保險兼具投資理財和保險保障的雙重功效，同時可以免交利息稅，既能滿足居民資產保值增值的需求，又能為居民的家庭財產和人身提供保障，因此受到青睞。不過，如何選擇確有講究。

其實，保險細分到生活上的每個細節都會有相應的保險，並不是每一種都要買的，不是每一種保險都是對你有意義的，要學會挑選。

理財規劃的目的是合理配置資源，實現理財目標。如果其中沒有保險的部分，那麼一旦發生風險，就可能導致收入減少、支出增加或者資產減少，使家庭經濟發生巨大變動。保險能部分彌補風險所帶來的損失，減少家庭經濟狀況的變動幅度，進而使家庭財務能長期健康地運行。因此，正確的購買保險，對自己的生活加以保障，是明智的選擇。

保險防止了風險發生後的無所適從，讓我們的損失降到最小，也讓我們的生活有了保障，這是生活裡面必不可缺的工具。

話說三分，點到為止：
讓你秒懂的幸福人生經濟學　　（讀品讀者回函卡）

■ 謝謝您購買本書，請詳細填寫本卡各欄後寄回，我們每月將抽選一百名回函讀者寄出精美禮物，並享有生日當月購書優惠！
想知道更多更即時的消息，請搜尋"永續圖書粉絲團"

■ 您也可以使用傳真或是掃描圖檔寄回公司信箱，謝謝。
傳真電話：（02）8647-3660　信箱：yungjiuh@ms45.hinet.net

◆ 姓名：　□男　□女　□單身　□已婚

◆ 生日：　□非會員　□已是會員

◆ E-Mail：　電話：（　）

◆ 地址：

◆ 學歷：□高中及以下　□專科或大學　□研究所以上　□其他

◆ 職業：□學生　□資訊　□製造　□行銷　□服務　□金融
□傳播　□公教　□軍警　□自由　□家管　□其他

◆ 閱讀嗜好：□兩性　□心理　□勵志　□傳記　□文學　□健康
□財經　□企管　□行銷　□休閒　□小說　□其他

◆ 您平均一年購書：□ 5本以下　□ 6～10本　□ 11～20本
□ 21～30本以下　□ 30本以上

◆ 購買此書的金額：

◆ 購自：　市(縣)
□連鎖書店　□一般書局　□量販店　□超商　□書展
□郵購　□網路訂購　□其他

◆ 您購買此書的原因：□書名　□作者　□內容　□封面
□版面設計　□其他

◆ 建議改進：□內容　□封面　□版面設計　□其他

您的建議：

剪下後傳真、掃描或寄回至「22103新北市汐止區大同路三段194號9樓之1讀品文化收」

廣　告　回　信
基隆郵局登記證
基隆廣字第 55 號

2 2 1-0 3

新北市汐止區大同路三段 194 號 9 樓之 1

讀品文化事業有限公司　收

電話/(02)8647-3663　傳真/(02)8647-3660
劃撥帳號/18669219　永續圖書有限公司

請沿此虛線對折免貼郵票或以傳真、掃描方式寄回本公司，謝謝！

讀好書品嘗人生的美味

話說三分，點到為止：讓你秒懂的幸福人生經濟學